BIOLOGÍA DE LA DEMOCRACIA

Colección Ensayo

ALBERTO LAMAR SCHWEYER

BIOLOGÍA DE LA DEMOCRACIA

(Ensayo de sociología americana)

Nuevos hechos dentro del estado han decretado la necesidad de una nueva fórmula política

Introducción, corrección y anotación crítica de
Ángel Velázquez Callejas

Ediciones Exodus

BIOLOGÍA DE LA DEMOCRACIA
Alberto Lamar Schweyer (1902-1942)

© Prólogo de Ángel Velázquez Callejas

Primera edición: enero de 2017
© De la presente edición: Ediciones Exodus, 2017
   Editor: Ángel Velázquez Callejas
   Dirección de arte: Roger Castillejo Olán

Ilustación de cubierta: montaje con grabado de Gustave Doré (1832–1883) para
The Rime of the Ancient Mariner, de Samuel Taylor Coleridge (1772-1834)

Libro publicado con la colaboración del

Instituto Cubano de Ciencias Culturales de la Diáspora

ISBN-13: 978-1542442862
ISBN-10: 1542442869

Sumario

Prólogo de Ángel Velázquez Callejas 9

Nota del editor 39

Prefacio 41

I. Planteamiento teórico: el natural y darwinismo
social 47

II. Civilización americana: la conquista,
el medio social y la psicología criolla 57

III. Espiritualización americana:
origen del Estado y la hibridación racial 65

IV. Estructuración ético y psico-política
de la sociedad americana en el siglo XIX 71

V. Legitimación americana: la independencia 81

VI. La ética del independentismo americano:
dictaduras y absolutismos 87

VII. La realidad psico-políica americana:
el *caudillismo* 95

VIII. Evolucionismo americano:
el medio, la tribu y el dictador 105

IX. La inconstitucionalidad en América 115

X. Biología de la cultura:
política, religión, arte y literatura 125

XI. Biología de la democracia:
la *novena cultura* y el *hombre síntesis* 135

xii. Evolución natural: política de *selección*.................. 143

xiii. Entelequia social: Gobierno de minoría
   y el sentido de la dictadura 149

Anexo.
   José Ingenieros y su aporte al pensamiento
   americano.. 155

Prólogo

El error científico de la Democracia, juzgada biológicamente, fue el falso sentido de la igualdad

Alberto Lamar Schweyer
Biología de la democracia

1. De la presente edición

DE LAS OBRAS PUBLICADAS por Alberto Lamar Schweyer durante las décadas del 20 y 30 del siglo XX, cuatro de ellas se han reeditado en los últimos años: *Los contemporáneos: ensayos sobre literatura cubana del siglo* (Biblio Bazaar, 2009), *La roca de Patmo* (Editorial Letras Cubanas, 2010), *La palabra de Zarathustra: Federico Nietzsche y su influencia en el espíritu latino* (CreateSpace Independent Publishing Platform, 2013) y *La crisis del patriotismo: Una teoría de las migraciones* (CreateSpace Independent Publishing Platform, 2014). En estas reediciones *lamarianas*, solo la novela *La roca de Patmos* contiene un oportuno prólogo de la mano de Adis Barrio, cuyo objetivo se propone contextualizar a la obra y al autor. Como lo destaca la crítica, de que Lamar es un autor olvidado, ya es hora de que reeditemos su obra más polémica, la que le condujo al ostracismo: *Biología de la democracia*.

Leída y comentada por diversos autores en diversas épocas, *Biología de la democracia* desató, tan pronto fue publicada en 1927, el debate y por añadidura el enfrentamiento ideo-político entre sus lectores contemporáneos. Si bien la primera edición de *Biología* , demostró ser un libro contraproducente, anti-nacional, no es menos cierto que para el pensamiento intelectual cubano lo reconociera como tendencioso e impolítico. Los juicios resonaron en la ideología provocada por el «determinismo biológico» y en la que se ocultaban estimulaciones teóricas y prácticas políticas acerca de una doctrina sobre el Estado. En la presente y segunda edición, los editores de *Exodus* se proponen recobrar una lectura que enfatice también el giro epistemológico, orientado a establecer y a esclarecer una teoría política de gobierno y de Estado. Es importante remarcar que en la *base biológica* (como forma de vida), Lamar encontraba los argumentos necesarios para formularse una teoría bio-política de Estado, ejecutada desde el pensamiento de *derecha*. De hecho, para Lamar el pensamiento de *derecha* constituye otra variación del *vitalismo*, orientado hacia la *selección* y la autocracia.

Que *Biología de la democracia* haya demorado noventa años para reeditarse no es algo que pertenezca a los misterios indescifrables de la nacionalidad, si es que nos atetemos a la preponderancia mayúscula del peso del discurso patriótico nacionalista e independentista sobre la cultura cubana. Más que en el «olvido», Lamar cayó en *desuso*. ¿Era importante para le teología insular una biblioteca imaginaria particular y colectiva que se apartarse del camino de la cultura de masas, de las influencias de los partidos políticos y los medios de información sobre la sociedad cubana y americana? La particularidad de la formación intelectual de Alberto Lamar a partir de la memoria de una biblioteca dionisiaca y vitalista no debe ser desestimada.

La lectura diferenciada del canon naturalista positivista coincide con su estilo, la forma de ensayo, anti-academicista, predominante en sus obras hasta sus últimos días de lector y escritor, lo cual no da lugar a un aparato crítico y citas rigurosas. Como era de esperar, en *Biología* , aparecen nombrados y citados muchos autores, a veces sin referencias y señales bibliográficas. El resultado, un rizoma hermético anti bibliográfico al que tenemos que acudir con sentido crítico y genealógico: el *naturalismo biológico* había fecundado al pensamiento a fines del siglo XIX creando un nuevo procedimiento para entender las formas de vidas de las sociedades y culturas. La biología entraba a ocupar el espacio de la metafísica. La jurisprudencia y la política se presentaban desde entonces como siervas de la biología. Por tanto, uno de los objetivos de la presente edición de *Biología de la democracia* consiste en reconstruir y enriquecer el aparto de referencias con el propósito de desmitificar al vir *obscurissimus* del error que según los argumentos interpretativos de Alberto Lamar procedían de fuentes inverosímiles al fenómeno de la política y la democracia, unida a una bibliografía de historia y psicología.

El territorio medular que ocupaba la literatura biológica en el imaginario de Lamar en la segunda mitad de la década del 20, estimulada por la complexión de la inspiración, contribuiría enfáticamente a instar en Alberto la ruptura contra el positivismo y el *minorismo* sabático de su época, frente aquellos rostros de intelectuales fabricados por la burguesía y el pensamiento liberal nacional. Cualesquieras de las críticas sobre *Biología*, al principio y después, jamás consultaron y estudiaron las fuentes originales del pensamiento vitalista de Lamar. Se desprenden así *elipsis* contemporáneas y deducciones pos-positivistas que llegan a plantear una mecánica aplicación del darwinismo social a los problemas de la democracia en América. Leer por placer no contribuye al pensar. Había en Schweyer una intrínseca conexión entre obra, lectura y existencia. Esta introspección lo llevaría abrazar el *vitalismo* como forma de conocimiento. *Ergo*: en lo adelante nos gustaría amplificar los puntos cardinales de su obra polémica: la *ruptura* con el pensamiento liberal, el concepto de *hibridación* cultural, la *selección racial* como categoría heurística, la *igualdad*, origen fenomenológico del cesarismo, caciquismo y tiranía y la *autocracia* (minorismo) como forma biológica de Estado y Gobierno.

2. Ruptura contra el ideal positivista

Existe una corta pero exaltada tradición exegética que impugna y obtura toda posibilidad de una lectura *social darwinista* y de *derecha* en el pensamiento político de la obra de Lamar Schweyer. Se le califica somera, rudimentaria y artificiosa al propio *pathos* patriótico de Alberto Lamar. Algunos, contrarios a su pensamiento, lo definen un pensador *antipolítico* y *antidemocrático*. Si percibimos lo *antidemocrático* como una indolencia extraña frente a la teoría del Estado democrático, o como una expulsión natural del mismo, no es el ejemplo clásico de Lamar. El pensador había recibido las influencias de una época, del espíritu que se transformaba en antimetafísico y optaba por la presencia del hombre en sus circunstancias, en el medio provisto de selección y adaptación. El *biologismo* (o el vitalismo) de Lamar se emparentaba más al sentido biológico de la filosofía práctica nietzscheana que del darwinismo natural y social de los epígonos evolucionistas.

Como se lleva a cabo la metamorfosis entre el *vitalismo natural* y el *espíritu político* en el pensamiento de Lamar es cuestión aún por estudiar. Sus desarrollos interpretativos, por el contrario, conciernen directamente sobre lo *politeia*, las formas de vida de los regímenes antidemocráticos, en base al caudillismo, la tiranía y el autoritarismo político. Para Lamar, según el orden lógico de los acontecimientos políticos, América quedaba imposibilitada para la *democracia artificial*. Si analizamos a Lamar político, lleno de optimismo y esperanzas para con las Américas, no deberíamos extenporanizar la trama de sus introspecciones, razones por las cuales hoy se presentan variables de todas definiciones sobre política, Estado y democracia, respeto a aquel contexto uniforme. En efecto, Lamar Schweyer, en el sentido populacho del término, es *antidemocrático* y no comulga con la cultura de masas en tanto la misma no se subordine al gobierno por una nobleza *superdotada*. Si no está dotado por la naturaleza no puede ser superior. Cree en el *minorismo natural* o en el *aristokratischer Radikalismus* a la nietzscheana.

3. El biologismo en el pensamiento político de Alberto Lamar Schweyer

CON LA VERIFICACIÓN DE que *vida* es vida en un *medio* –y a pesar de un medio y contra otros medios inconcebibles– empieza a formarse en el pensamiento de Lamar el perspectivismo sobre un posible resquebrajamiento del ideario *positivismo* del bien común. La disposición del positivismo, de conocer la proximidad en virtud al holismo social analógico (llámesele espíritu, paisaje, patria, nacionalidad, nación, leyes, constitución), pierde valor y orienta la reflexión a una pluralidad de las relaciones vitales con respecto al entorno. Este viraje metódico y constructivista contrasta con los estudios de Schweyer acerca de la teoría darwinista como también la de sus impugnadores. Lamar no solo recrea su *vitalismo* biológico a partir del darwinismo al uso sino también de los avances de la biología teórica de su tiempo. Una lectura diferenciada en base a la obra de Jakob von Uexküll lo separa bastante de la ortodoxia darwinista. Fue quizás *Cartas biológicas a una dama*, lo que le inspirara la compresión de que la vida entorno al *medio próximo* (el mundo circundante) formaba una realidad circundante y vital. De las *Cartas...*, se apropia del concepto *Planmäßigkeit*, de cuyo «plan funcional» los organismos vivos y las culturas construyen sus teleologías afines. De ello se desprende un concepto evolutivo de voluntad política sobre el Estado, pero donde se ausentan las premisas para una América democrática. Sin este trasfondo metabiológico, de la biología subjetiva, de la funcionalidad de la vida en el espacio no se puede entender *Biología de la democracia* y los conceptos primordiales de *selección, minorías* y *raza*.

El concepto de formación de *razas* no se apoyaba en virtud del biologismo de salón, captado por el espíritu antinaturalista de la *Ideologiekritik* positivista y marxista. En el contexto de sus elucidaciones teóricas, había tomado de la biología en apogeo un concepto de *razas*, cuyas implicaciones hermenéuticas poco tenían que ver con la pigmentación de la piel y los rasgos antropomorfos de la especie, sino con la *formación*, dentro de la evolución ascendente de la naturaleza y la cultura, del grado, el valor y el rendimiento frente la sobrevivencia cultural y social. De modo que, existe ante todo el peligro de analizar la obra de Lamar fuera de las estimulaciones científicas y teóricas del contexto y de las ineludibles combinaciones durante el umbral de un movimiento epistemológico donde el pragmatismo y la relaciones con la esfera del mundo comenzaban a poner en dudas las formas del pensamiento metafísico. En este sentido, la biología, en particular la *biología teórica*, contribuyó inesperadamente a dar un giro en el pensamiento filosófico y político entre finales del siglo xix y principios del xx.

Que no se tuviera en consideración ese giro de parte del neo positivismo marxista anterior y reciente, no demerita la proyección teórica y empírica de la formación intelectual de Lamar Scwewyer. Al contrario, el giro de Lamar de la ideología patriótica al biologismo antidemocrático abre el *hiato* del pensamiento por varias décadas sin si quiera saberse las procedencias de las fuentes y las influencias *in concreto*. Ante todo, porque el mencionado *giro biológico* diferencia la acción de la política, la política como pura *acción del poder* en consonancia con las fuerzas ideológicas patrióticas y nacionalistas ante la *virtud de la política* como modelo de Estado y Gobierno. Se trata, como apunta Lamar en *Biología de la democracia*, de interrumpir el cuso del *meliorismo* fundamentalista de la *igualdad natural* entre los seres vivos. La diferencia de virtud política estriba en la *desigualdad* entre los individuos. Estas desigualdades no eran raciales en tanto a política se refiere, sino de *minorías* y formas en tanto autocracias. Veremos más adelante en detalle, en qué consiste el *minorismo autocrático* y qué relación confiere Lamar Schweyer con la biología. Todo tratado de la biología contra la democracia no explica y no pone entredicho los fundamentos autocrático político de la biología.

4. El autor y su época

La primera ocasión que hojeé los libros de Alberto Lamar Schweyer fue en la primavera del 2011, mientras fichaba datos sobre la prensa cubana de primer cuarto del siglo xx. Fue un año después, durante una visita continuada tras varios días al *Cuban Heritage Collection* de la Universidad de Miami que me detuve para consultar *Biología de la democracia*, *La crisis del patriotismo* y *Cómo cayó el presidente Machado*, sobre todo el primero de los libros de tremenda repercusión mediática en los predios intelectuales cubanos de la década del 20. Antes había podido leer en artículos y criticas seleccionadas cómo su obra era citada y comentada por los intelectuales de su época para celebralo y condenarlo, habida cuenta de las ideas conservadoras, anti-patrióticas, anti-liberales de apoyo al régimen de la tiranía de Gerardo Machado. En febrero de 1927, *El Fígaro* publica un fragmento del capítulo xii del libro *Biología de la democracia* y trae aparejado de *súbito* un intenso debate que marca un viraje en las concepciones políticas de la joven intelectualidad criolla, de tal modo que los efectos inducidos durante la controversia coadyuvaran a tomar la decisión de disolver una de las aglutinaciones más conspicuas de la vida intelectual cubana: el *minorismo*.

Aunque no es objetivo de estas páginas detenerse en las implicaciones del desenlace ideológico, teórico y práctico que produjo el debate en torno a la publicación de *Biología* , no se pueden dejar de mencionar *grosso modo,* las relevantes acusaciones que se tradujeron en fuerzas vitales en manos de la creación crítica textual y bibliográfica del momento. El sociólogo y profesor de la Universidad de La Habana Roberto Agramonte redactó 20 días después del suceso editorial, el documento más extenso y competitivo contra *Biología,* una constatación mensurada a pie juntilla que le valió el apoyo y la celebración de la mayoría de los intelectuales afectados. En *Biología contra la democracia* (un texto que rebasa las 200 páginas) Agramonte esgrime, usando el poderío de la sociología positivista, el hecho inactual de la incompetencia intelectual de Lamar. El contrataque de Agramonte a la considerada debilidad empírea eugenésica y racial de la *igualdad* lo desconcierta, posición que Lamar considera biológica ante el tema de la *democracia.* Debe considerarse la *contra biología* agramontina el único documento factual de importancia crítica, teórica y conceptual de la época. Habría que mencionar en este sentido el impulso que motivó a Alberto Edward a publicar un año después una exégesis *anti-Lamar* histórico sobre la realidad chilena. En La *fronda aristocrática,* no se trata de desmentir el rol exuberante de la superioridad del *homo politikon.* Una selectiva selección de políticos instruidos aseguraba la ingeniosidad de la gubernatura chilena.

Una reacción menor pero enérgica desde el punto de vista político y personal en contra de *Biología* , no se hizo esperar de inmediato. Días después a la publicación del capítulo de *Biología* , en *Social,* los colaboradores más cercanos a Lamar, Emilio Roig de Lechsenring y Conrado Amassager hicieron pública una crítica tajante y semanas después redactaron lo que consideraron, con el apoyo de otros intelectuales, la *Declaración* del *Grupo Minorista* en respuesta a las afirmaciones de Lamar sobre el extinto *deseo* «minorista» como práctica intelectual. Publicada en *Carteles*, el 22 de mayo, la *afirmación minorista* fustigaba sin pretenderlo el hecho basal de *Biología*: «creo en las minorías de *selección* y no en los sabáticos». El criterio de *selección*, como veremos más adelante, tendrá una repercusión epistemológica decisiva en *Biología*, a partir de la naturaleza evolutiva del suceso democrático en relación al concepto de raza, herencia y civilización en la obra de Lamar.

Para abreviar, las mayores objeciones a *Biología...*, provienen, a fines de la década del 20 y principios del 30, de criterios puramente chovinistas y nacionalistas. Alejo Carpentier condenó a Lamar de *traidor*, Marcelo Pogolotti de *sátrapa* y *autocrático*; Jorge Mañach de *Nihilista* y escéptico. Sin embargo, Labrador Ruiz lo considera un profundo observador de la realidad cubana. No es hasta la década del 90 cuando aparece en Cuba una meticulosa y tendenciosa crítica a *Biología...*, desde «posicionamiento marxista». En resumen, se pueden considerar tres momentos en el discurso de la crítica a *Biología*: la sociología positivista, el nacionalismo patriótico y el marxismo crítico. Todas estas corrientes en contra de *Biología*, coinciden en la tendencia anti-democrática, social darwinista y fascista-nietzscheana de Lamar Schweyer.

Lamar puede ser, según nuestro punto de vista, catalogado desde su perspectiva autocrática como anti-burgués, anti-liberal y furibundo anti-comunista. Se presentaba a través de Biología..., ambivalente y como un reaccionario inactual (para usar una frase peculiar de Nietzsche); es decir, depositaba la esperanza en una virtual y futura "democracia" para América e intuía al mismo tiempo que la autocracia no era para América. Que ese perspectivismo naturalista ambivalencia lamariano, cuya estructura no tuviera la suerte de sobrepasar los años 30 del siglo XX y convertirse, además, en un pensamiento regularizado en el marco de las corrientes nacionales y en los círculos de intelectuales criollos, pudiera encontrar razón en el hecho de que no constituía, *per se* una directriz ideológica y patriótica, es decir, una artificialidad natural nacionalista.

Claro está, la evolución de la naturaleza *sans phrase* para Lamar Schweyer no se produce por saltos. Trasladado este enunciado darwinista a la práctica política conlleva una prognosis que significaría el esclarecimiento de su impuso vitalista y por añadidura al alejamiento de las ideologías y demagogias políticas de la época. Ya en el prefacio del libro decía: «Despojándome del 'optimismo paradójico' que denunció la voz magistral de Rodó, he querido exponer una tesis, imparcialmente, con frialdad, sin prevenciones intelectuales que pudieran evolucionar hacia un pesimismo que no existe en mí». En efecto, la fuga de Ariel impone, en el desarrollo posterior al año 1900 en la evolución de la jurisprudencia americana, un coto directo contra la barbarie y provoca como antídoto la democratización de la educación (tema que merece un estudio aparte). En este punto Lamar no profundiza lo suficiente para sostener la tesis de que «la democracia no es americana». El valor de sus postulados sigue siendo demostrativo de la existencia de una jerarquización de las razas.

Que la naturaleza no procede por saltos sino por continuidad, da la posibilidad dentro del pensamiento de Lamar de inferir que *Biología*..., se desmarca por la implementación de un nuevo Estado basado en la naturaleza. Lo que tomaría de Le Dentec plan unificado constituye la vía de como la naturaleza y la sociedad se unen en un arquetipo jerárquico. Autocracia no es el modelo del culto al poder o de ser culto para ejercer el poder, sino el escalonamiento donde los grados intermedios en la evolución de la continuidad hace de la raza el dominio sobre otra. En América no se producen saltos; de ahí que Lamar considere al caciquismo, el cesarismo y las tiranías grados intermedios en la evolución de la democracia autocrática. Esta nueva forma de autoridad queda fuera de los intereses ensayísticos del libro de Lamar.

5. *Biología de la democracia intrinsecus*

a) No vamos analizar aquí los pormenores por los cuales las diferentes corrientes del pensamiento en Cuba postularon una crítica avasalladora sobre *Biología de la democracia*. De entrada, el positivismo y el marxismo en Cuba no proceden en términos reales y prácticos con elementos de la biología. La transformación y la mejora del hombre se obtiene desde una conciencia objetiva, con la *pedagogía* en lo que respecta al positivismo y con la *conciencia de clase*, herencia proletaria, en lo que supone el marxismo. Pero estos significados hermenéuticos quedan para ser analizados en un estudio aparte. Nos corresponde ahora hablar de *Biología*, por dentro. Nos asiste la tarea de aproximarnos a las reglas constituyentes de un ensayo que pretende ser fiel a las provocaciones teóricas de una época. Lamar no es un biólogo, tampoco un darwinista en potencia que aplica al pie de la letra las leyes del naturalismo biológico a la estructura de la sociedad.

No existe en la proyección teórica de Lamar un *determinismo*, sino la combinación de factores, psicosomáticos, dentro de la evolución de la naturaleza. Por mucho que se registe romper el aproximado, Lamar es un *vitalista* y considera la civilización una forma de vida en la evolución de la naturaleza. Por el momento, ninguna *instrucción colectiva* cultural ha podido lograr la *igualdad* que se registra en las apariencias de las democracias en el reino utópico de la humanidad. Lo que para él es *democracia* constituye un paso de avance, una metamorfosis, de la *política menor* acaudillada a la *gran política* autocrática. Los que pueden estar dotados de posibilidades infinitas, capaces de redistribuir valores a partir del rendimiento superior, serán los artífices de la *gran política*. De ahí que, el análisis de *Biología*, comience con la disección de los postulados teóricos de la sociología, la psicología y la biología, y avance hasta descifrar la psicología del caciquismo, el caudillismo y cómo estas degeneraciones políticas irrumpen como gérmenes de cesarismos y tiranías en América. La democracia tal y como se le suscribe en América es la base del tirano y el caudillo.

Ya desde el prefacio, Lamar anuncia los objetivos del ensayo: «Curada América de sus males 'diferencias étnicas, analfabetismo, espíritu anárquico' automáticamente las tiranías desaparecerán, porque el tirano sólo arraiga y perdura allí en donde el espíritu de desorden y la desorientación política, hija de la impreparación brindales los escalones de su ascenso. América lo sabe y en América puede verlo el Mundo. Pasarán los tiranos, subyugadores del medio, desaparecerán los déspotas, consecuencias del medio bárbaro, pero quedarán las dictaduras. Los pueblos, las masas no pueden regirse por regímenes de igualdad, porque las ciencias biológicas nos han probado, en estos últimos veinte años, que la palabra igualdad no existe en el léxico de la Naturaleza.»

Y luego más adelante llega el aura profética del ensayo: «Pero la disyuntiva es más aparente que real, porque la biología social no autoriza esta libertad de determinación, sino que impone el sistema crudamente. Ello quiere decir, que precisa volver a empezar, adaptarse a la evolución, suprimir el puente democrático, ir de una dictadura a otra. Europa está haciendo eso. América tendrá que hacerlo.» Y no se trata de justificar lo que pretende crear una conmoción teórica sino lo evidente. «Justificar científicamente, explicarlas como un resultante biológico-social, no es aplaudir las dictaduras que América ha padecido, y padece. La necesidad de Rosas no justifica la 'mazorca', aunque la unidad argentina justifique a Rosas.»

Con ese trasfondo podemos valorar, de manera simplificada, la hermenéutica del texto. No es un libro para el *pacer del texto*, sino un texto que demanda la *lectura lenta*, atenta y rigurosa. El pensamiento, las ideas y las metáforas discurren por el cauce de los conceptos y atraviesan aparejados la *epojé* del autor: «Este libro es un libro de simpatías, aun cuando diste de ser un libro de elogios. Para escribirlo me desligué de cuanto hay en mí de emocional y de artista, de americano y de joven. Despojándome del 'optimismo paradójico' que denunció la voz magistral de Rodó, he querido exponer una tesis, imparcialmente, con frialdad, sin prevenciones intelectuales que pudieran evolucionar hacia un pesimismo que no existe en mí.»

b) La *igualdad* es un principio anti-biológico. Si la biología está en contra la democracia, el postulado democrático sostenido por la igualdad revela en el fondo la existencia de un principio anti-biológico. Hoy esta tesis no merece ser discutida, sino comentada. Para Lamar lo importante es discurrir mediante la genealogía de la *igualdad* en América en qué contexto, favorable o no, se produjo la instauración de la idea política de la igualdad en América. Según Lamar, «existe en América un determinante psico-biológico que entorpece la posibilidad democrática. Tal afirmación tiene, como antecedente, el estudio de los factores sociales que integran nuestros pueblos, mientras le sirve de confirmación el estado de desorden y de anarquía ideológico-política en que se desenvuelven la mayoría de las repúblicas y de las cuales, hasta las excepciones, distan mucho de ser verdaderas organizaciones democráticas.»

c) Uno de los términos manejados por Alberto Lamar en *Biología* , que le ganó el estigma de neo-nietzscheano y fascista y que contribuyó a la noción eugenésica de su teoría, fue la *raza* en el sentido bio-social darwinista y galtiano. Lamar lee y escribe *Las palabras de Zaratusta* para revelar la misión de Nietzsche. No hay dudas y es evidente que Lamar con *Biología*, busca elaborar un *telo* que desemboque en lo *superior* desde lo *inferior* de la raza. Esa transmutación ascendente del rendimiento y la capacidad de que son dotadas las especies vivas por la naturaleza, no queda bien dilucidada en los textos críticos sobre *Biología*, La crítica prefiere descontextualizar el panorama teórico en torno a la edición de *Biología*, y asumir las nociones contemporáneas de rechazos al darwinismo racial. En este sentido se toma de Lamar las primeras impresiones cuando afirma: «El grupo generado por las razas mezcladas carecerá de un sentido político unánime, porque la ley de herencia ancestral descubierta por Galton al estudiar el atavismo en biometría, hará que en cada individuo se presenten caracteres físicos y morales de sus ascendientes, en una proporción decreciente que concede lugar a todas las influencias, hasta los caracteres de los tipos fundamentales. Con estas cualidades negativas, queda anulada la posibilidad de un tipo humano cuya moral social permita dentro del grupo, el avasallamiento de individualidad en un mismo sentido, que ha sido el fundamento moral de las organizaciones humanas a partir del desarrollo de la tribu.»

Cuando al final de texto concluye apuntando que, «ya desde el primer siglo de la conquista pueden determinarse los lineamientos de la cultura en germen, que se manifiesta en reacciones y orientaciones desligadas a toda tradición política, artística e intelectual de Europa. A través del tiempo no podrán éstas coincidir en la Democracia. En los siglos que preceden a la revolución, el estado psíquico colectivo americano ha cambiado de acuerdo con los determinantes biológicos 'mestizaje, lucha en el medio, necesidades de vida.' Las fórmulas tradicionales o circunstanciales europeas, llegan a no tener sentido sobre los nuevos supuestos psicológicos americanos y su imposición determina toda la gama de anormalidades y desequilibrios» lo decía a partir de haber aplicado un perspectivismo de la raza anti-eugenésico probando a partir de varias teorías de origen «social-darwinistas.»

El problema es no tomarse en cuenta que Lamar, al parecer, reformuló sus perspectivas de los fundamentos raciales de la cultura, de la *selección racial*, a partir del enfoque de Joseph Gobineau en el *Ensayo sobre la desigualdad de las razas humana*, texto que leyera Nietzsche con tremendo asombro. El énfasis recaería en destacar que las leyes de selección de razas y su adecuada afición al gobierno de los hombres, constituye la primera labor indispensable del Estado, sin que ocupara un viraje calamitoso e ideológico. La selección iba contra la *cultura de masa*. La idea básica es histórica y antidemocrática según la cual cultura de masa se constituía como la base para el desarrollo del progresismo, el socialismo y el social liberalismo. Para Lamar, el núcleo duro es la prognosis de que la decadencia y degeneración de América a lo largo del siglo XIX se debía a la mezcla interracial, sin que se vislumbrar un ascetismo racial auténtico y autocrático. Lamar aduce al respecto: «La cultura americana todavía en germen, se orienta contra la democracia. Es la tendencia al equilibrio de que hablamos anteriormente. El espíritu sin carácter, formado por los múltiples cruzamientos étnicos ha producido un dilatado caos político, necesario para generar la nueva cultura que sólo llegará a su plenitud con la equivalencia de una raza definida.»

Antes de ellos el genio se anticipa siempre encarnando un sentido futuro, mientras la totalidad le sigue con parsimoniosa lentitud. La sociedad en que el genio se desarrollaba, no pudiendo experimentar la plenitud, daba forma exclusivamente a las partes de sí misma orientadas en el sentido del porvenir, el genio. Miguel Ángel es el sentido que alienta el Renacimiento, pero vive, socialmente, en el medioevo. Rousseau es el sentido que alienta una sociedad que va hacia la democracia, pero vive bajo el gobierno del Cardenal Fleury. Bolívar y Martí, como Moreno y O'Higgins, no pueden representar el sentido del porvenir que Nietzsche hacía encarnar en el super-hombre. Su genio sintetizaba un remate de cultura europea. No se adelantaban al medio, trataban de crearlo. Eran, como ya hemos visto, republicanos actuando en un medio monárquico, desorientándose ignorante. Véase, pues, cómo no es posible juzgar la cultura americana a través de sus hombres síntesis, ajenos a lo que falsamente representan.

La cultura americana, todavía en germen, se orienta contra la democracia. Era la tendencia al equilibrio de que hablamos anteriormente. El espíritu sin carácter, formado por los múltiples cruzamientos étnicos ha producido un dilatado caos político, necesario para generar la nueva cultura que sólo llegará a su plenitud con la equivalencia de una raza definida.

Lo usa y lo aplica desde las posiciones teóricas del darwinismo naturalista, pasando por el social darwinismo hasta concluir en la noción del *superdotado* nietzscheano de raza. La primera mención aparece:

d) Un deleznable *excursus* acerca de un tema semántico-político dentro de *Biología...*, lo constituye el concepto *hibridismo,* utilizado por Lamar a partir de los juicios de Félix le Dantec sobre el *egoísmo* como base de toda la sociedad y el que sirviera de principio biológico para explicar aspectos del mestizaje de las razas. Con este giro, el autor de *Las palabras de Zaratustra* propone que: «... aún dentro de esa tendencia al tipo único, no habrá unidad. El grupo generado por las razas mezcladas carecerá de un sentido político unánime, porque la *ley de herencia ancestral* descubierta por Galton al estudiar el atavismo en *biometría,* hará que en cada individuo se presenten caracteres físicos y morales de sus ascendientes, en una proporción decreciente que concede lugar a todas las influencias, hasta los caracteres de los tipos fundamentales.»

De ahí surge el fundamental desacuerdo de la crítica contra la obra de Lamar. Se le reprocha contundentemente aplicar sin menoscabo el principio darwiniano, de la selección natural, a los problemas de la sociedad y la cultura. Si bien cita Galton, artífice de las técnicas eugenésicas del momento, no se puede considerar a la ligera como un mecanismo de segregación racial. La falta de *unidad política* a la que se refiere Lamar como resultado de la hibridación del mestizaje habría que analizarse tomando en consideración también la contextura biológica (considérese en el sentido del rendimiento y la capacidad individual) de los hombres ante la formación del Estado. Una vez más, el sociólogo devenido en cátedra cosmopolita de *historiografía natural*, nos convoca a pensar en:

«Ampliemos esta consideración y pasemos de la Familia al Estado. La confusión de razas, crea dentro de este último, capas étnicas y morales que suprimen el proceso de la evolución hacia el mejoramiento político. El protoplasma social al desarrollarse en el medio americano, creó un organismo anárquico en esencia. No actúa dentro de él una raza, sino tres razas fundamentales con sus híbridos. La superioridad intelectual (o guerrera) de la raza blanca, pudo someter a las otras, pero es una mera presión física sin trascendencia espiritual, ya que, en cualquier momento de debilidad, los grupos sometidos actuarán siguiendo su impulso propio ancestral. Dentro del mismo Estado, como más adelante veremos, no se manifiesta una tendencia social sino fracciones de tendencias representadas por los diversos grupos que componen el total. De este modo, la anarquía es una tendencia que se manifestará con la decadencia de la raza dominante que en su caída precipita la bancarrota del régimen que impuso en el momento de apogeo.»

Otro capítulo de relevancia debido a lo que implica según el cuerpo textual y hermenéutico de *Biología de la democracia* es el XI: *novena cultura* y el *hombre síntesis*. La idea proviene de la imagen spengleriana basada en el método fisiognómico contra el vitalismo. Aun así, la ambivalencia se manifiesta cuando en *La decadencia de Occidente* Spengler expone: «el darwinismo, quizá sin darse cuenta, ha dado una eficacia política a la biología. La hipotética mucosidad primaria se ha encontrado ahora en posesión de una actividad democrática, y la lucha de los gusanos por la existencia constituye una enseñanza ejemplar para los bípedos, que han venido al mundo simplemente y sin complicaciones.» La actividad democrática se refiere al sentido que Lamar le confiere a la cultura en el estado morfológico real, es decir, la democracia como manifestación política externa.

Era imposible en América esta configuración. Entonces, ¿se puede considerar la democracia en la época fáustica un elemento decisivo de la civilización y la decadencia occidental, una técnica social de la política? Para América, Lamar cree que sí. La democracia –afirma– no es para América. De ahí que, «Bolívar y Martí pertenecen a la cultura europea, son europeos puros, física e intelectualmente, sin mezcla indígena o africana. Por eso sus grandes individualidades están desligadas al medio al que no representan, como pudieron Rousseau y Napoleón representar el sentido de su época y su medio. Su caso es único en la historia de las culturas.» Más adelante, en pasaje revelador, Schweyer afirmará que «la cultura americana todavía en germen, se orienta contra la democracia. Es la tendencia al equilibrio de que hablamos anteriormente. El espíritu sin carácter, formado por los múltiples cruzamientos étnicos ha producido un dilatado caos político, necesario para generar la nueva cultura que sólo llegará a su plenitud con la equivalencia de una raza definida».

e) En resumen, Alberto Lamar no se presenta como demócrata *in nuce*. Su obra está persuadida por la amenaza de los limitados avances democráticos en América. Y se opone a la creencia de que la Democracia, calificada bajo el sello naturalista, le corresponde el *pathos* de la *igualdad*. Y como reacción a esa amenaza, propone el resurgimiento del *minorismo* autocrático para dar forma autónoma al Gobierno y al Estado, sin la injerencia y la influencia de la cultura de masa. En este sentido, Lamar toma como punto de partida la dinámica del concepto de *entelequia social*, el cual no es posible aplicar a las sociedades donde predominan regímenes caudillistas y tiránicos. En la *The History and Theory of Vitalism*, el fundador de la *entelequia social*, Eduard Driesch, propone que la vida social al contener un fin en sí mismo, constituye una causalidad unificante, *individualizante*, como prototipo del devenir biológico. Todos los organismos y constructos sociales como el Estado y las instituciones del gobierno no pueden violar esa ley de la finalidad vitalista. El hecho de poseer *individualidad*, la entelequia permite concebir los entes en la temporalidad como modulaciones integras, orgánicas, estatales. La democracia es una falsa conciencia ilustrada.

Y Lamar concluye su alegato afirmando: «Los regímenes políticos son conclusiones de biología social, productos de culturas que encuentran en ellos su representación histórica, manifestación de las fuerzas orgánicas del Estado que derivan hacia un régimen de armonía interior. A cada medio corresponde una cultura que involucra un sistema de teorías propias, una construcción política determinada por sus necesidades, por el carácter psíquico, por el factor biológico de los individuos que la integran. La política es la suprema manifestación de la ética social que es ampliación de la ética individual. El hombre no es un animal político en sí, sino porque necesita una moral pública, un conjunto de inhibiciones, un sometimiento de individualidad para ayudar su vida con la vida de los demás.»

Finalmente, la cita no puede ser más polémica. Para aclarar el inconveniente de como gobernar al hombre de manera satisfactoria, Lamar ubica terminológicamente en primer término del memorándum político el problema de la biología acoplándola con un sistema de teorías propias, una construcción política determinada por sus necesidades. Dos años antes de la edición de Biología *de la democracia*, 1925, había publicado un artículo en la revista *Social* en donde compartía criterios sobre el aporte de José Ingenieros al pensamiento americano. En aquel texto se ve anunciada la transmutación del conocimiento positivista en un análisis de la *biología* como el fenómeno del autocuidado y auto-formación de la vida política.

Del pensamiento de Ingenieros, cuyo texto completo aparece al final en el anexo, afirma:

«De ese criterio filosófico se deriva su teoría de la mo-ral adogmática de una época práctica que es práctica en todos sentidos. Y al mismo tiempo que nos descubre en la ética humana un simple problema biológico de herencia en las líneas espirituales tiende a probarnos la posibilidad de una moral alejada de todo idealismo kantiano, con un "noúmeno" casi material, desviada del romanticismo he-geliano, del viejo escolasticismo petrificado aun en muchas conciencias, de todo aquello, en fin, que este más allá de la experiencia. Se argüirá que esta concepción nace en el *Catecismo Positivista*.»

No habría motivo para que el espíritu objetivo hegeliano, representado por las instituciones sociales y políticas, cayera en poder de las ideologías. La ponderación de Lamar especificaría que las leyes de selección de nobleza y su acertada aplicación al gobierno de los hombres, es la primera labor innata del Estado, cuestión que evitaría la malformación del gobierno en forma política a través del caudillismo y la tiranía.

Ergo: detrás del discurso de *Biología de la democracia* se presume a la intención de un autor que aspira a *reaccionar* contra los problemas de la política liberal democrática en América. Apuesta por el concepto *genio, gran hombre*, apto para la política ideado por Schopenhauer en el ensayo *La sabiduría de la vida*. De Nietzsche asume la gradación subyacente de *puente cultural* en la naturaleza ascética humana: la verdadera historia real y política de un pueblo estriba en la conexión del *genio* con la *gente*. Gradación que interrumpe el paso de una generación de *últimos hombres* a otras.

Ángel Velázquez Callejas
Miami, diciembre de 2016

Bibliografía activa

LAMAR SCHWEYER, Alberto: *Biología de la democracia. Ensayo de sociología americana*, Editorial Minerva, La Habana, 1927.

_____: *La roca de Patmos*, Carasa, La Habana, 1932.

_____: *Vendaval en los cañaverales*, Tipografía La Universal, La Habana, 1937.

_____: *Cómo cayó el presidente Machado. Una página oscura de la diplomacia norteamericana*, Editorial Espasa-Calpe, Madrid, 1934.

_____: *La crisis del patriotismo*. Una teoría de las inmigraciones, Editorial Martí, La Habana, 1929.

_____: *La palabra de Zaratustra. Federico Nietzsche y su influencia en el espíritu latino*, Imprenta El Fígaro, La Habana, 1923.

_____: *Las rutas paralelas*. Ensayo de crítica y filosofía, Imprenta El Fígaro, La Habana, 1922.

Bibliografía pasiva

AGRAMONTE, Roberto: *La biología contra la democracia*, Editorial Minerva, La Habana, 1927.

ALONSO, Aurelio: *Nota para conferencia sobre Alberto Lamar Schweyer*. En la Red, Internet.

BARRIO, Adis y LEIDIECIS Cruz, Alina Bárbara LÓPEZ y Leymen PÉREZ: «Dossier. Alberto Lamar Schweyer». Revista artístico literaria *Matanzas*, No. 1, 2010.

BARRIO, Adis: «Prólogo». En Alberto Lamar, *La roca de Patmos*. 2da edición, Editorial Letras Cubanas, 2010.

COELLO, Adrade: «La crisis del patriotismo», en *El Comercio*, Quito, marzo 4 de 1929.

CARBONEL, José Manuel: «Alberto Lamar Schweyer», en *La prosa en Cuba*, Imprenta Montalvo y Cárdenas, La Habana, 1928.

CHACÓN Y CALVO, José María: «Alberto Lamar Schweyer», en *Revista Cubana*, enero-marzo, La Habana, 1943.

Cairo, Ana: *El grupo minorista y su tiempo*, Editorial de Ciencias Sociales, La Habana, 1979.

Guadarrama, Pablo y Miguel Rojas: *El pensamiento filosófico en Cuba en el siglo xx: 1900-1960*, Editorial Félix Varela, La Habana, 1998.

Espinosa, Carlos: «Un héroe sin ningún carácter». En: revista digital *Cubaencuentro*, enero, 2012.

Labrador Ruíz, Enrique: «Lamar Schweyer», en *El pan de los muertos*, Universidad Central de Las Villas, La Habana, 1958.

Lufriu, René: «Las rutas paralelas», en *El Fígaro*, La Habana, 4 de junio de 1922.

Martínez, Guillermo: «Las rutas paralelas. Artículos de Alberto Lamar Schweyer», en *La Libertad*, La Habana, 2 de septiembre de 1922.

Martínez Villenas, Rubén: «Machado: el fascismo tropical», en *Poesía y prosa*, Editorial Letras Cubanas, La Habana, 1978, t. II.

Masdeu, Jesús: «Puntos de vista de un libro», en *Excélsior-El País*, La Habana, 2 de abril de 1929.

Montoro, Rafael: «Un libro notable», en *Excélsior-El País*, La Habana, 12 de mayo de 1929.

Muñoz, Geraldo: «Lamar, Mariátegui, y el marxismo». En *Puente Enfrático*, blog online, octubre, 31, 2012.

Nietzsche, Federico: *Así habló Zarathusta*. Kindle Edición, 2011.

Roa, Raúl: *El fuego de la semilla en el surco*, Editorial Letras Cubanas, La Habana, 1982.

_____: *Retorno a la alborada*, Editorial de Ciencias Sociales, La Habana, 1977.

Roig de Leuschsenring, Emilio: «Los nuevos. A. Lamar Schweyer», en *Social*, La Habana, 7 de diciembre de 1925.

Pérez, Leymen: «La década del 30: un vendaval que narra Alberto Lamar Schweyer». En: *Isliada*, revista digital de Literatura Cubana Contemporánea, septiembre, 2012.

ROJAS, Miguel: «El Grupo Minorista y su ideal socio-filosófico», en Pablo Guadarrama González y Miguel Rojas Gómez: *El pensamiento filosófico en Cuba en el siglo xx: 1900-1960*, 2da. ed., Editorial Félix Varela, La Habana, 1998.

_____: «El subjetivismo y el nietzscheanismo de Alberto Lamar Schweyer», en Pablo Guadarrama González y Miguel Rojas Gómez: *El pensamiento filosófico en Cuba en el siglo xx: 1900-1960*, 2da. ed., Editorial Félix Varela, La Habana, 1998.

_____ y Ramón PÉREZ: «La filosofía nietzscheana de Alberto Lamar Schweyer», en revista *Islas*, No. 92, Universidad Central de Las Villas, enero-abril de 1989.

ROJAS, Rafael: «Tres sabios olvidados». En revista digital *Cubaecuentro*, octubre, 2004.

VASCONCELOS, Ramón: «El gigante vencido», en *El País*, La Habana, 6 de agosto de 1942.

VARONA, Enrique José: «Resucita Zarathustra», en *El Fígaro*, La Habana, 20 de enero de 1924.

Otra bibliografía

BUNGE, Carlos: *Nuestra América y Principios de psicología individual y social*. 1903.

DARWIN, Charles: El origen de las especies. Source:
http://es.wikisource.org/wiki/Charles_Darwin
http://www.cervantesvirtual.com

DRIESCH, Hans. *History and teheory of vitalism*. London, 1914.

DANTEC, Félix le: *Principios de Biología*. Madrid, Gutenberg, Ruiz Hrnos, 1910.

_____: *El egoísmo, la única base de toda la sociedad*. Madrid, Ruiz Hrnos, 1913.

ENGELS, Federico: *El papel del trabajo en la transformación del mono en hombre*. Ed. Godot, 2014.

GALTON, Francis: *Hereditary Genius* y *English Men of Science: their Nature and Nurture*. Macmillan, London, y NY, 1892.

GIRAUD, Emelile: *La crisis de la democracia*. París, 1925.

LE BON, Gustavo: *Psicología de los tiempos nuevos*. Editorial Aguilar, 1901.

SCHOPENHAUER, Arturo: *Aforismos sobre la sabiduría de la vida*. CreateSpace Independent Publishing Platform, 2016.

_____: *El mundo como voluntad y representación*. Porrúa; unknown edition, 2016.

SPENCER, Herbert: Principios de sociología, Revista de Occidente, Buenos Aires, 1947.

VAIOIS, Jorge: *Filosofía de la autoridad*. 1912.

VELÁZQUEZ, Ángel: *Cuba y el último hombre*. 2da edición, Miami, 1916.

RODÓ, José Enrique: *Ariel*. RareBooksClub.com, 2013.

SIMMEL, Georg: *Sociología. Estudios sobre las formas de socialización*. Fondo de Cultura Económica, 1 edición, 2015.

GOBINEAU, Joseph Arthur de: *Ensayo sobre la desigualdad de las razas humana*. 2 tomos, Ediciones Sieghels, Argentina, 2014.

KEYSERLING, de Hernann: *El mundo que nace*. Fola Igurbide, José, d. 1930.

CECCHETTO, Sergio. *La biología contra la democracia. Eugenesia, herencia y prejuicio en Argentina*. 1880-1940. Mar del Plata, EUDEM, 2008.

SCHELER, Max: *El saber y la cultura*. Ed. Nova, Buenos Aires, 1926.

VOLANDER, Karl: *Historia de la Filosofía*. (Alberto Lamar debió leer la edición de Talleres Gráfico de Antonio López, Barcelona, 1922.

UEXKÜLL, Jakob Von: *Cartas biológicas a una dama*. 2014.

_____: *Andanzas por los mundos circundantes de los animales y los hombres*. 2016.

WORMS, Rene: *La sociología*. París, 1925.

ALBERTO LAMAR SCHWEYER

BIOLOGÍA DE LA DEMOCRACIA

(Ensayo de sociología americana)

**NUEVOS HECHOS DENTRO
DEL ESTADO HAN DECRETADO
LA NECESIDAD DE UNA NUEVA
FÓRMULA POLÍTICA**

Nota del editor

En el presente volumen se respeta, en su extensión, la sintaxis y la ortografía de la primera edición de 1927. Cuando fue oportuno, algunas palabras monosílabas sufrieron modificaciones de acentuación. En el curso de la edición se rectificaron errores de personajes, autores y frases. Muchas referencias bibliográficas citadas les fueron añadidas nombres de la editorial y año de publicación. Las citas y notas a pie de página se ubicaron siguiendo sin interrupción el orden numérico a lo largo del libro. En caso de obras citadas con problemas de confusión en los nombres de títulos y autores fueron debidamente corregidos. Debido a la complejidad del tema y la referencia de autores de poca difusión, se añadió al respecto un aparato de referencias y notas aclaratorias. En la presente edición se incluye un *índice* temático con títulos a partir del contenido de cada capítulo.

Prefacio

Este libro es un libro de simpatías, aun cuando diste de ser un libro de elogios. Para escribirlo me desligué de cuanto hay en mí de emocional y de artista, de americano y de joven. Despojándome del «optimismo paradójico» que denunció la voz magistral de Rodó[1], he querido exponer una tesis, imparcialmente, con frialdad, sin prevenciones intelectuales que pudieran evolucionar hacia un pesimismo que no existe en mí.

Como un médico que trabajara sobre el cuerpo de una persona amada, he profundizado metódicamente, guiado por los antecedentes, llevado por las manifestaciones fenoménicas. Hubo en ello una fría emoción, dolorosa hasta cierto punto, pero que no desfiguró el resultado. Al concluir mi trabajo, libre de la influencia espiritual de algunos meses en que permanecí curvado sobre los libros y con los ojos fijos en la *Historia*, viendo sólo lo pasado y sin levantar la vista hacia lo porvenir, en mí renacen el optimismo y la Fe.

Creo en América, como creo en la inmutabilidad de las leyes biológicas, o quizá por eso. La actual crisis europea,

---

1   Se trata del José Enrique Camilo Rodó Piñeyro, nacido en Uruguay en 1871, escritor y político, americanista, anti-utilitarista y autor de varios libros de importancia histórica y literaria para América: *Ariel* (1900); *Liberalismo y Jacobinismo* (1906); *Motivos de Proteo* (1909) y *El mirador de Prospero* (1913), entre otros. (N.del E.).

fenómeno de involución inevitable, no puede significar la crisis de la cultura occidental, sino una nueva orientación espiritual en el mecanismo de la civilización que en estos momentos sufre el desequilibrio de las reacciones provocadas por la savia nueva que es América. Precisamente de esa convicción ha nacido este libro.

La teoría, al igual que su cristalización, el hecho, no nace esporádicamente. Guarda una estrecha relación de antecedentes aun cuando a veces ello desconcierte, y adquiera líneas de paradoja. Así la «democracia» nace en Roma, germina en la era feudal y florece como una roja flor de tentación social en el siglo de los «enciclopedistas». Fracasa se desploma y se pierde después casi totalmente, pero cumple su misión de rematar un proceso político e intelectual. Es hija de la cultura de Europa, de la política de Europa y del intelecto de europeo. Su fracaso es europeo.

Obedeciendo a leyes de economía histórica, cumpliendo dictados del proceso social, América se independiza en pleno fervor democrático y trata de ser fecundo jardín en el florezcan triunfal la semilla de la igualdad. Un siglo de experiencia hale bastado para probarse que, representando una nueva era dentro del legado cultural de Europa, tiene, por fuerza, por determinantes históricos, que representar una nueva teoría y practicar una metodología política hija de sus problemas y de sus capacidades. La Democracia no es americana.

La fuga de Ariel[2] que hoy conturba el espíritu americano, la crisis y el desconcierto que arraigan a raíz de la independencia y se mantienen todavía en las repúblicas intertropi-

---

2   Ariel, personaje shakespeariano utilizado por Enrique Rodo en el ensayo *Ariel*. Representa para las Américas el espíritu ideal o de la democracia, la espiritualidad y la sabiduría. (N.del E.).

cales de América, han hecho nacer en cada peñón de vuelo el sauce silencioso e inútil de la tiranía. Enjoldras, a la vuelta del viaje que inició mirando a las estrellas, regresa al cabo de un cuarto de siglo, con los ojos bajos. Los terribles providenciales se llaman hoy Juan V. Gómez, Augusto Leguía y Ayora, como antes se llamaron Francia, Rosas y Melgarejo. Han pasado los dictadores de estructura boliviana. Benito Juárez Balmaceda. Quedan las mediocridades consagradas o la escoria arrastrada a la cumbre por el viento de la aventura. Tampoco la autocracia es para América.

Curada América de sus males –diferencias étnicas, analfabetismo, espíritu anárquico– automáticamente las tiranías desaparecerán, porque el tirano sólo arraiga y perdura allí en donde el espíritu de desorden y la desorientación política, hija de la impreparación bríndales los escalones de su ascenso. América lo sabe y en América puede verlo el Mundo. Pasarán los tiranos, subyugadores del medio, desaparecerán los déspotas, consecuencias del medio bárbaro, pero quedarán las dictaduras. Los pueblos, las masas no pueden regirse por regímenes de igualdad, porque las ciencias biológicas nos han probado, en estos últimos veinte años, que la palabra igualdad no existe en el léxico de la Naturaleza.

Con el fracaso del ideal democrático, ideal de transacción, los pueblos se encuentran frente a una realidad nueva. La «descentralización» del Estado es una teoría sin concordancia político: el *Estado-fuerza* busca su representación en el dictador. En eso hay una disyuntiva trágica para los derechos que consagró la Democracia, cuyo error hay que reducir por presión de la realidad. El Dictador puede ser un hombre, encarnación de la Fuerza del Estado, o una clase, organismo dictatorial dentro del Estado. Mussolini o Lenin.

Pero la disyuntiva es más aparente que real, porque la biología social no autoriza esta libertad de determinación, sino que impone el sistema crudamente. Ello quiere decir, que precisa volver a empezar, adaptarse a la evolución, suprimir el puente democrático, ir de una dictadura a otra. Europa está haciendo eso. América tendrá que hacerlo.

Distingamos entre tirano y dictador. El tirano es un producto bárbaro, y se puede llamar Juan V. Gómez. El dictador es una presión de realidad política y se puede llamar Plutarco Elías Calles. Sin embargo, en América creo que ambos están fuera del tiempo.

Justificar científicamente, explicarlas como un resultante biológico-social, no es aplaudir las dictaduras que América ha padecido, y padece. La necesidad de Rosas no justifica la «mazorca», aunque la unidad argentina justifique a Rosas.

En el gobierno del General Obregón, como en el de Juárez, el régimen fue dictatorial. Fue aquel un período representativo de las necesidades políticas de México. De la dictadura abregonista surgió la reorganización estructural mexicana, es decir, se corrigió la consecuencia de la tiranía porfirista. Obregón llenó su papel histórico. Las presiones biológicas de la sociedad mexicana, llevaron a la Presidencia un hombre que supo ser dictador. México se ha renovado. El General Calles ha seguido ese trabajo. La dictadura pudo vencer los males de la tiranta.

Los intelectuales de América están obligados a tener hoy un solo Norte, la sinceridad. Hay que ser sincero, dejando a un lado las viejas declamaciones retoricas, vacías y sonoras, como las campanas. No habrá unión espiritual mientras no se consiga equilibrio político, y sólo denunciando nuestros propios errores y señalándolos los ajenos, conseguiremos estrechar conocimientos y arraigar simpatías.

Esto toca a los sociólogos, a los poetas, a los críticos, a los artistas latinoamericanos, no a la banalidad diplomática, ceremoniosa, discreta y opaca, como la mediocridad. No es en los tés, sino en los ateneos en donde arraigará la unión que siga a la mutua comprensión. La obra no es de embajadores uniformados y discretos, sino de, rudos libros indiscretos, pero sinceros. Rufino Blanco Fembona, fundador de la Editorial América[3], ha hecho más por la unión continental que lodos los embajadores de 1824 a la fecha. García Monge, con su «Repertorio Americano» ha ganado el título de Gran Canciller Continental. Un siglo de mediocre diplomacia –bailes, les, tarjetas, ceremonias– no ha realizado lo que diez años de «Repertorio».

Para mis conciudadanos, de todas las banderas y de todas las patrias que dora el sol de América, para la juventud madura y la madurez juvenil, para todos aquellos que tienen en las manos constructoras el barro del futuro, es este libro. No lo hice para cantar la Democracia en que no creen ni para halagar a los tiranos que desprecian. Es el señalamiento de nuevos hechos, de nuevos valores y de nuevos problemas que decretan ideas nuevas, nuevos conceptos y nuevos sistemas. Nuestras circunstancias dentro del Estado han determinado la necesidad de una fórmula nueva.

LAMAR SCHWEYER

---

3   Fundada en Madrid en 1915, fue una editorial americanista, la cual llevó a cabo un proyecto publicitario por más de 18 años. Cultivó los temas históricos y literarios, alcanzando a publicar una colección con más de 300 títulos. (N. del e.)

I
Planteamiento teórico: el natural y darwinismo social

Augusto Comte, en su escala jerárquica de las ciencias fundamentales, no concedió puesto a la psicología. Estimaba el creador de la sociología, que después del eclecticismo científico que precedió al positivismo, la ciencia del alma había quedado dividida en dos partes, una de las cuales estaba sometida a las ciencias biológicas, y la otra a la Sosiología. No aclara, empero, Comte, cuáles son las relaciones que existen entre la sociología y su ciencia auxiliar, la psicología colectiva. Esta misma imprecisión crea, más tarde, una confusión de conceptos y de tesis, que giran todas en torno a esta relación que, aceptada, tratase de delinear.

Tarde invierte los valores propuestos por Comte. Para él, la sociología es una ciencia derivada de la psicología, es decir, los estudios sociales son ampliaciones de los datos facilitados por la psicología, una «interpsicología» nacida de las experiencias realizadas, no en el individuo, sino en un grupo social. Dando a la psicología un carácter de ciencia individualista, Durkheim apunta que la relación denunciada por Comte es inexacta y que no hay entre ambas ciencias relaciones fundamentales de ninguna clase.

El mismo criterio ha sostenido la escuela *neo-idealista* alemana, representada por Simmel en la sociología[1].

Recientemente René Worms[2] ha propuesto una solución al debate. Ambas ciencias se complementan y mutuamente se ayudan. De la psicología de un grupo social pueden derivarse leyes sociológicas para prever las reacciones del grupo frente a un excitante conocido. Así la psicología social –derivada de las leyes biológicas que rigen la vida– brinda al sociólogo los apoyos fundamentales para sus leyes, leyes que se han de derivar del estudio de los caracteres espirituales del grupo a que se aplican. Es de ese criterio de donde Ward[3] ha partido para la organización de su sistema sociológico que hace de la ciencia de la sociedad, una ciencia constructiva, dotable de una eugenesia práctica.

La apreciación de Lester Ward es trascendental. Convierte la sociología contiana en ciencia práctica que se puede dirigir en beneficio de la humanidad. Hace de la psicología, igual que Worms, la ciencia fundamental y básica de la sociología y de los estados de espíritu colectivos, deriva leyes generales y organiza un sistema modificativo de los caracteres sociales. De ahí el *meliorismo*[4] que caracteriza su

---

1　Jorge Simmel considera la ciencia de la sociedad no como un conjunto de investigaciones sobre una realidad unitaria, sino como un método nuevo para investigar un hecho antiguo, la sociedad. Simmel: *Sociología*, 1927.

2　Rene Worms: *La sociología*. Paris, 1925. Pág. 16.

3　Lester F. Ward: *Principios de Sociología*. Para Ward el objetivo de la sociología es lograr beneficios al hombre (N.del e.)

4　*Meliorismo*: es una idea del pensamiento metafísico cuyo fundamento plantea al *progreso* como un concepto real que orienta el desarrollo del mundo. Sostiene que los humanos pueden, a través de su intervención, producir resultados en la mejora humana. El meliorismo es también un concepto en virtud de la fundación de la

teoría. Pero en Ward la ciencia psicológica tiene un matiz especial que la liga a la biología. Para él el espíritu tiene un origen biológico, es una manifestación superior de la vida, tanto en el individuo como en la colectividad. Entre Comte y Ward hay medio siglo de distancia, es decir, todos los conocimientos biológicos modernos.

El considerar a la sociedad como una ampliación del organismo humano, es una teoría científica antigua. Tan pronto como Darwin y Galtón[5] plantearon a la consideración de la ciencia la teoría evolucionista basada en la herencia, esa teoría se aplicó, particularmente por Spencer, a la sociedad. Vino la teoría del *estado-organismo* de Malthus, que por algunos años explicó el proceso social, ajustando a la ciencia las teorías de Rousseau. Aquel fue, sin embargo, un movimiento prematuro. La biología, ciencia joven, incipiente, sin bases firmes, no podía explicar satisfactoriamente ciertos fenómenos sociales y la teoría perdió prestigio. Con esto llegó a su apogeo el movimiento *neo-idealista* que reclamó la sociología para el grupo de las ciencias no experimentales.

---

democracia liberal contemporánea y los derechos humanos y es un componente básico del liberalismo. Otra importante comprensión del meliorismo viene de la tradición pragmática americana. Uno puede leer sobre esto en los trabajos de Lester Frank Ward, William James, Ralph Nader y John Dewey. (N.del e.)

5   Francis Galton contribuyó a diferentes áreas de la ciencia como la psicología, la biología, la eugenesia, la tecnología, la geografía, la estadística o meteorología. A menudo sus investigaciones fueron continuadas dando lugar a nuevas disciplinas. Se destaca por dos grandes contribuciones bibliográficas: Hereditary Genius y English Men of Science: their Nature and Nurture. La tesis esencial de su obra gira en torno la importancia de la herencia genética sobre el medio.

Han vuelto a cambiar las cosas. Los trabajos de Weismann, de Vries, de Wood, de Pepenoe y Johnson, de Le Dantec[6], han hecho de la biología una ciencia exacta. Con la estabilización de los conocimientos biológicos, la Sociedad ha vuelto a pasar al estudio de las ciencias exactas y la sociología incorporada de nuevo al grupo de ciencias fundamentales que auxilia la psicología biológica.

Pero la sociedad no se puede considerar como un organismo vivo, al menos, como un organismo que sea superior ampliación del individuo. A los cuatro puntos de concordancia y diferencia que descubrió Spencer, se han sumado otros muchos negativos. Las concordancias son por analogía, no por correspondencia.

No es dable aceptar que los elementos biológicos tengan una exacta importancia en la sociedad y en el individuo. Así ocurre con el *medio*[7]. Mientras la biología a medida que progresaba de Larnark a nuestros días, iba restando importancia al factor medio, que fue fundamental en el transformismo primitivo, la experiencia derivada de la historia ha venido probando que, en la formación de las sociedades, el medio, por lo menos el geográfico, ha sido siempre determinante de la economía social, y, por lo tanto, un factor primordial en la formación de la sociedad. Sólo existe una concordancia, acaso más aparente que real. Las experiencias biológicas han demostrado que a medida que asciende en la escala evolutiva el individuo, las influencias del medio disminuyen como factores de alteración. Igual

---

6   *La biología una ciencia exacta*: Weismann, de Vries, de Wood, de Pepenoe y Johnson, de Le Dantec.

7   Aunque no se detalla, aquí el *medio* es considerado una esfera de vida en el sentido heideggeriano del *ser estar ahí*. (N. del e.)

ocurre en las sociedades, tanto más dependientes del medio geográfico, cuanto primitiva es su organización.

Hechas estas salvedades se pueden aplicar a la sociedad leyes biológicas. El silogismo es simple. Si la sociedad se integra por seres vivos, las leyes que actúen sobre éstos actúan a la vez, indirectamente, sobre ella. Esa diferencia sobre el modo de actuar fue lo que no tuvo en cuenta Malthus.

La primera revelación de la biología aplicada a la sociedad fue la demostración de la *desigualdad natural* en oposición a la teorización política de la Igualdad Natural, de Rousseau. El principio, que nació con las teorías biológicas y las experiencias de Wesmann, ha necesitado tiempo para llegar tener valor político. De todos modos, se puede afirmar que, con la teoría del *plasma germinativo*, la biología descubrió una verdad política: la igualdad es un principio anti biológico.

Mientras la biología observaba este proceso, la ciencia política presenciaba un fenómeno que, en parte, podía encerrar un argumento de oposición. Europa durante setenta años, ensayaba con éxito relativo el Parlamentarismo y la Democracia. No se llegó a conquistar la igualdad absoluta por interna fatalidad biológica. Pero el derecho del pueblo a regir su vida, llegó a un grado que permitió ser a la Democracia una transacción discreta entre la idea y el hecho. Los valores *humanos* del hombre inferior subieron desde la Revolución Francesa y han quedado como principio político indestructible.

Al mismo tiempo, la ciencia social tenía un vasto campo de experiencias al otro lado del Atlántico. América, que se había independizado de Europa y de los prejuicios aristocráticos de la Metrópoli, no lograba realizar su aspiración democrática. El hecho obedecía a leyes biológicas. De ambas manifestaciones se pudieron extraer profundas conclusiones de carácter sociológica.

El primer dato derivable del hecho se refiere a la Democracia como sistema político de gobierno. El fracaso de las democracias americanas –bien diverso tanto en sus consecuencias como en sus orígenes, al fracaso parlamentarismo de Europa– no parte, como proclamaron los optimistas, de nuestra inexperiencia para el gobierno propio, sino de un dictado psico-biológico, vicio de origen que no desaparecerá mientras conserve Latinoamérica y en particular los pueblos intertropicales, los caracteres psicológicos que la distinguen del europeo. La inexperiencia ha sido y es todavía la *Némesis* cuya fatalidad inevitable ha servido para justificar nuestros errores políticos. Hay que acabar de una vez con esa mentira convencional de nuestra sociología. La experiencia europea nada tiene que ver con América. La Democracia es un doble problema a estudiar. Es anti-científica para Europa y para América es, además, no experimental. A este último punto de vista tenemos los americanos que consagrar nuestra atención científica. Aun aceptando que la Democracia sea una posibilidad europea, no lo será nunca americana, como no lo será ningún sistema que no se apoye en nuestras necesidades sociales y capacidades políticas[8].

La experiencia demuestra que el principió europeo de los enciclopedistas se ha desarrollado en medios distintos, teniendo naturalmente, interpretaciones diversas a medida

---

8   La crisis del liberalismo europeo no es más que nada circunstancial y obedece a un fenómeno social histórico. Los regímenes de fuerza y las reacciones absolutistas han seguido siempre al hecho de fuerza, que es la Guerra. El estado bélico da a la fuerza un valor circunstancial que te trata de hacer extensivo a los problemas políticos y económicos que en la paz son consecuencias de la guerra.

que cambiaron la mentalidad que los juzgó y el medio que hubo de aprovecharlos. Y es que América no es, y seria obvio probarlo, una prolongación social de Europa. Analizados los elementos fundamentales que integran nuestro carácter psico-biológico se notará que sólo en parte reducida aporta el europeo elementos espirituales y que, entre éstos, la casi totalidad son principios, concepciones y criterios espiritualmente opuestos a toda organización democrática.

Para las necesidades sociales de la Democracia, la era de la Conquista fue una selección a la inversa. A los elementos anti-democráticos indígenas, súmanse, primero, los conquistadores y, más tarde, los negros africanos y en algunas repúblicas los asiáticos, hijos de una milenaria tradición anti-igualitaria. Fue en ese medio social en que se fundieron estos elementos, en donde los románticos lectores de Diderot y de Rousseau, trataron desde Caracas y Buenos Aires de sembrar la semilla de la Igualdad. La Revolución se inició unánime para defender el absolutismo de Fernando VII y recibió, más tarde, esos principios que, si fructificaron con el espíritu de independencia, no fueron meditados por sus defensores.

Haciendo una excepción de Cuba, cuya lucha emancipadora se inicia lustros después de estar firmada por Canterac[9] en Ayacucho la retirada de España del Continente, la guerra continental no está inspirada en una aspiración democrática sino, simple y exclusivamente en defender, primero, los derechos absolutistas del Rey Femando frente

---

9   Se trata de José de Canterac, militar español de origen francés, quien participó en la Guerra de la Independencia Española y en las guerras de emancipación de los virreinatos de Nueva Granada y Perú en durante la década de 1820.

al nuevo gobierno de la Metrópoli regida por el Rey José y más tarde, en conquistar la independencia política de América, aunque esa emancipación fuera base de nuevas monarquías, como se intentaron crear en Argentina, en Perú y en la Gran Colombia, antes de terminar la guerra.

De este modo, a pueblos formados por individuos sin conciencia de ciudadanos, se les dio un régimen político que la superior preparación de Europa demostró utópico cuando ya Leibnitz lo había calificado de *anticientífico*.

Así América, al ser libre y tener el derecho a la Democracia, no pudo aprovecharse por ser su Derecho Político incompatible con sus antecedentes psico-biológicos, mantenidos intactos y sin freno por la absoluta carencia de cultura en que nos tuvo la Metrópoli. De ahí la continuidad de guerra civiles y revoluciones, de ordenadas dictaduras y desordenados libertinajes que, alternativamente, han venido estorbando nuestro desarrollo social, sin que, hasta ahora apunten en el horizonte político nuevas esperanzas y sí la confirmación del postulado pesimista, o fatalista, antes apuntado.

Los grupos americanos actuales son psicológicamente correspondientes a los de hace un siglo. La cultura no ha aumentado paralelamente a la civilización. El tiempo y las nuevas corrientes de la vida han modificado al individuo de una determinada clase social, pero sin que ese reducido número de elementos tenga la suficiente influencia para modificar los caracteres psicológicos del conjunto, o sea, crear una psicología colectiva distinta a la de 1810.

Existe en América un determinante psico-biológico que entorpece la posibilidad democrática. Tal afirmación tiene, como antecedente, el estudio de los factores sociales que integran nuestros pueblos, mientras le sirve de confirmación el estado de desorden y de anarquía ideológico-política en que se desenvuelven la mayoría de las repúblicas y de las cuales, hasta las excepciones, distan mucho de ser verdaderas organizaciones democráticas.

Integrada por indios y conquistadores –cuya psicología y principios morales distaban mucho del resto del europeo de su época– y negros arrancados a las selvas de África por la avaricia de los colonos, la sociedad americana al iniciarse la guerra de Independencia era esencialmente anti-igualitaria.

II
Civilización americana: la conquista, el medio social y la psicología criolla

Mucho se ha escrito y discutido sobre el origen del hombre americano. Ya desde Engels[1] existe una seria corriente científica que cristaliza en Ameghino[2] en favor del hombre autóctono de América. La unidad somatológica con determinados pueblos orientales parece de todos modos, probada y falta sólo determinar quiénes fueron los emigrantes, si los mayas llegaron hasta Egipto, como opina Holden[3], o si fueron los egipcios los que arribaron a América. De todos modos, las ruinas de Copanc estudiadas por Spinden[4] demuestran que hace doce

---

1   Se refiere a Federico Engels y *El papel del trabajo en la transformación del mono en hombre.* (N. del e.)

2   Florentino Ameghino: *La antigüedad del hombre en el Plata.* Alberto Lamar no señala número de edición y editorial, lo que suponemos consultó la versión castellana: Reedición en 2 tomos de Editorial Intermundo, Buenos Aires, 1947 (N. del e.)

3   Se trata de John Burdon Sanderson Haldane, genetista y biólogo evolucionista británico conocido por *The Causes of Evolution* (1932), texto fundamental en torno a las bases de la teoría del origen de la vida. (N. del e.)

4   Hebert Spinden: *Ancient civilizations of Mexico and Central America.* Alberto Lamar no señala la editorial (New York, 1917) Herbert Joseph Spinden (1879-1967) antropólogo estadounidense, arqueólogo

mil quinientos años los mayas o sus ascendientes egipcios, se encontraban en México.

Cuando arribaron los conquistadores encontraron en Tierra firme una organización social con ideología propia. Existía un Derecho Civil hasta cierto punto y en todas partes, un amplio sentido de Derecho Político[5]. Eran una civilización y una cultura que se habían sustraído a la evolución, estatificado entre las selvas o a la sombra de los volcanes, pero que representaban un conjunto de ideas, una estructura y una organización a las que no eran ajenos los prejuicios de casta. Haciendo caso omiso de las numerosas tribus que merodeaban en las Antillas, tribus en estado primitivo que pronto arrollaron los conquistadores, América tenía tres grandes grupos organizados que representaban otros tantos caracteres dentro de su civilización.

Eran estos tres grupos: el *azteca-naya,* el *chibecha* y el *quichua-inca.* Hechos a la guerra y dominados espiritualmente por creencias religiosas en las que se refundían la zoolatría, el toteismo, y el animismo, representaban esos grupos un recio espíritu de fuerza, que originó una organización política hecha, precisamente, a base de clases y dirigida por sangrientas tiranías, ya de un hombre como en los incas, ya de la familia real como en los aztecas. En síntesis, el conquistador encontró en América dos organizaciones sociales. En México la rígida jerarquización azteca que encadenaba el individuo en busca

---

e historiador del arte, especializado en el estudio de las culturas americanas nativas de Estados Unidos y Mesoamérica. (N. del e.)

5   Julio C. Salas: *Etnología e Historia de Tierra Firme.* En realidad el libro se tituló *Estudio de etnología e historia,* publicado en 1908. Salas fue un etnólogo, historiador, abogado, lingüista, sociólogo y publicista venezolano que fundó en 1918 de La Sociedad Venezolana de Americanistas *Estudios Libres.* (N. del e.)

de la máxima eficiencia individual respecto al grupo, con una noción rudimentaria y precisa de la propiedad privada y en los Andes peruanos la trabazón incaica que mantenía inflexibles los prejuicios de casta. Despóticos ambos regímenes, el principio de absolutismo era en los dos la naturaleza del gobierno. Esto fue lo que encontraron en 1492 los aventureros que se lanzaron al Atlántico en busca de un camino que acercara su ambición al oro de Cipango.

La conquista, desmembró y acabó con todo esto. En nombre de la Fe se derrumbaron los ídolos y la leyenda de los milagros sustituyó a los mitos. *Nata* se llamó *Noé*[6] y los recios pueblos que se creyeron hijos del Sol quedaron convertirlos en siervos, desapareciendo todas las castas para crear dos estados sociales, conquistadores y conquistados. No se modificaron aquellas autocracias ni se enseñaron nuevas formas de gobierno. El indio quedó sometido, dominado, relegado al trabajo, sin que en un ápice se alterara su respetuoso espíritu de jerarquía ni su sometimiento a las clases privilegiadas.

Hay que estudiar la psicología del conquistador y tener en cuenta su moral, para comprender el exacto sentido político de la conquista y la colonización. La tesis de Francisco García Calderón de que la «Conquista de América fue un apostolado»[7] dista mucho de la exactitud cuándo

---

6 El mito bíblico del Diluvio era conocido en Centro América y en la costa del Atlántico según narra Bernal Díaz del Castillo, Bonilla San Martin. *Los mitos de la América precolombina*. Bernal Días del castillo: *Historia verdadera de la conquista de la Nueva España*. México / Ciudad Real: Miguel Ángel Porrúa / Universidad de Castilla-La Mancha, 2001, 3 vols. (N. del e.)

7 Francisco García Calderón: *Les démocraties latines de l'Amerique* (1912). García Calderón perteneció a la llamada Generación

se estudia el espíritu de aquellos hombres que en busca del oro dieron el pecho a la aventura para ganar la riqueza de América.

Un joven sociólogo español, discípulo de Altamira, ha afirmado recientemente, que la «conquista fue un apostolado realizado un estado cuyos súbditos llevaron a las nuevas tierras con sus ambiciones de oro y de gloria, su Fe cristiana y su cultura política»[8]. Y peca así el escritor de apasionado repitiendo y ampliando un error que ha querido mantener la España tradicionalista durante cuatro siglos.

No hay apostolado en el gesto de los conquistadores como no hubo romanticismo en los noventa tripulantes de las carabelas colombinas. El descubrimiento de América y su conquista, obedecen a un dictado histórico. Ultimada con la toma de Granada la era de la reconquista, creada la Santa Hermandad para mantener los fueros de la Monarquía absoluta, iniciada la renovación espiritual del Renacimiento, España tenía que buscar nuevos caminos a la ambición de sus soldados y atractivos inéditos a la rapiña de su noble-

---

del 900, junto con su hermana Ventura García Calderón, Víctor Andrés Belaunde y José de la Riva-Agüero y Osma, líder del grupo. Sus mejores influencias de Émile Boutroux, Raymond Poincaré y las monarquitas francesas seguidores de Charles Maurras, jefe de *l'Action Francaise*, poderoso movimiento intelectual de la época que buscaba el restablecimiento del *Antiguo Régimen* en Francia y estaba inspirado en el nacionalismo de Ernst Renán y otros. Nunca fue él mismo monárquico, como Riva-Agüero, pero tenía simpatías por los ensayos imperiales en México y Brasil durante el siglo XIX como remedio a la anarquía democrática.

8   Raúl Carranca: *La evolución política de Ibero América*. Madrid, Edit. Reus. 1925. Raúl Carrancá y Trujillo, 1897-1968, abogado penalista y escritor. Catedrático de Derecho Penal en la Facultad de Derecho de la Universidad Nacional Autónoma de México y de la Escuela Nacional de Economía de la misma institución académica. (N. del e.)

za. Esa fuerza expansiva había de crear, años más tarde, la oportunidad histórica de Cortés y Pizarro hacia Occidente y del Duque de Alba y Alejandro Farnesio[9] en los caminos Orientales. No hubo ese apostolado cristiano que quiere hacer de Fray Bartolomé de Las Casas un símbolo. Existió ciertamente, la influencia del clero que dominaba a España embargando todas sus actividades políticas con el *Santo Oficio*, pero esa influencia más que espiritual es política.

El conquistador trae a América lo que tiene. No puede, pues, aportar una *cultura política* de la que carece por completo. El peligro era, por otra parte, un elemento de selección a la inversa. La aristocracia, cuando llega la conquista a su apogeo, las clases relativamente cultas, están preparando las marchas de Flandes mientras Pizarro sale a la llanura para combatir a Almagro. España y sus nuevas tierras están iluminadas por las piras del *Santo Oficio*. Durante la regencia de Cisneros y más tarde bajo Carlos V, queda finiquitada la conquista que había de dar a Felipe II un imperio en el que no se pondría el Sol. En este periodo España se ha dividido en dos partes. Hacia Flandes e Italia fueron con Juan de Austria los blasones que necesitaban un baño de oro y hacia América los prófugos de la Santa Hermandad, los segundones arruinados, los licenciados de los tercios que habían pulido sus lanzas en Nápoles y en Flandes.

---

9   Se trata del Duque de Parma y Piacenza, hijo de Octavio Farnesio y Margarita de Parma, hija ilegítima de Carlos I de España y V del Sacro Imperio Romano Germánico, sobrino de Felipe II y de Juan de Austria. Militar y diplomático ofreció servicio a la corona española. Luchó en la batalla de Lepanto contra los turcos y en los Países Bajos contra los rebeldes holandeses, así como en Francia en las guerras de religión del lado católico contra el protestante. (N. del e.)

Este fue el primer elemento extraño injertado al espíritu anti-democrático de América. A las ordenadas autocracias autóctonas, sumó se el díscolo carácter de los conquistadores. En el Siglo XVII, México, Panamá, Lima, el Cuzco, Córdoba y la Habana, gobernadas por los Virreyes y los Capitanes Generales, tenían ya un carácter disímil al de las ciudades españolas de la península. Títulos de nobleza venidos de España, han encumbrado y ennoblecido a los hijos de los aventureros. La cultura es escasa en las clases altas y nula en el populacho. Se violan las entrañas de la tierra en busca de oro. El indio ha perdido su orgullo. Los hijos de Moctezuma y de Atahualpa tienen la piel herida a latigazos. España sigue enviando en cada galeón desesperados ambiciosos. Los pregoneros atraviesan las plazas gritando las órdenes absolutas del Virrey, mientras cruzan fe, verdes carrozas del Santo Oficio, y encienden de fogatas depuradoras de la Fe.

En Lima y Buenos Aires comienza a formarse una conciencia americana. Los hijos de los conquistadores son ya «Los hijos del reino del Perú». En las clases bajas también delinea una psicología colectiva. Conquistadores y conquistados se han unido lentamente. Existe un gran porcentaje de zambos que hereditariamente resumen el carácter de sus antecesores. Es un siervo que llenando la ley biológica del *hibridismo* tiene algunas veces rebeldías de amo. Ya el criollo se distingue moralmente del peninsular. Pero esa oscura conciencia nacional no piensa en la Independencia, ni mucho menos, en la igualdad, cuya aspiración están formando en Francia los enciclopedistas. La colonización ha terminado la primera parte de su obra con la creación del colono criollo.

Falta todavía injertar un nuevo elemento importantísimo que ha de aportar un fuerte volumen ideológico a la conciencia americana. Reducido a la esclavitud, desamparado en la lucha con la áspera naturaleza, el indio desaparece, se mezcla con el blanco o huye a las selvas intrincadas que lo amparan todavía. Los misioneros comienzan a implorar protección para él. Las primeras leyes de Indias[10] defienden inútilmente al sometido indígena. Están lejos el Emperador y muy cerca los intereses de los blancos. Ya Fray Bartolomé de las Casas había fracasado lustros antes. El indio se va con sus dioses y sus mitos y la Fe de Cristo pierde almas. Faltan brazos. Ha llegado el momento de incorporar al acervo de la esclavitud un mayor número de negros, de «*piezas de ébano*», que darán las selvas africanas. La necesidad de las Colonias exige de España facilidades pan la importación de bozales. Esta, que se realizaba primero limitadamente en el siglo de la Conquista, que tuvo mayor facilidad durante Carlos V y ofreció más tarde nuevas limitaciones, llega a

---

10 Las *Leyes de indias* forman un conjunto admirable de codificación en favor y protección de los indios y esclavos negros. Consideradas dentro del derecho de su tiempo, nada habría que objetar si se hubieran cumplido no ya en su totalidad, sino en parte.
Véanse las *Recopilación de Leyes de las Indias.*
Libro Primero. *De la Santa Fe Católica.*
Libro Segundo. *De las Leyes, Provisiones, Cédulas, y Ordenanzas Reales.*
Libro Tercero. *De el Dominio, y jurisdicción Real de las Indias.*
Libro Cuarto. *De los Descubrimientos.*
Libro Quinto. *De los Términos, División, y Agregación de las Governaciones.*
Libro Sexto. *De los Indios.*
Libro Séptimo. *De los Pesqvisidores, y jueces de Comision.*
Libro Octavo. *De las Contadurias de Cuentas, y sus Ministros.*
Libro Noveno. *De la Real Audiencia, y Casa de Contratacion, que reside en Sevilla.*
N. del e.)

su apogeo en el Siglo XVIII. Los *carabalís,* los *congos,* las *gangas,* los *mandingas,* los *dajomeses* y los *volofes,* vienen a sumar su desorientado espíritu de esclavos ancestrales a la psicología americana. Unos lustros después en el idioma[11] en la conciencia religiosa, en las costumbres todas, su influencia va a sentirse. Con la introducción del negro y más tarde en algunos países del asiático, quedan ultimados los aportes étnicos del indoamericano. De las tres razas que luchan por la supremacía y que llenando una ley sociológica se mezclan entre sí ha de nacer por un principio de sinergia el *protoplasma social* de América.

---

11 Fernando Ortiz: *Glosario de afronegrismos.* Imprenta El Siglo XX, La Habana, 1924 y *Los negros brujos* (apuntes para un estudio de etnología criminal). Librería de Fernando Fe, Madrid, 1906.

III

Espiritualización americana: origen del Estado y la hibridación racial

P redominando como predomina en etnografía, la teoría *monogenética*[1] de la especie humana, resulta difícil y hasta inconsistente, aplicar a los problemas del mestizaje americano, los principios biológicos del *hibridismo*, aunque a partir de Baur (1919) y de Goldschmidt (1920), las leyes de Mendel han sido extendidas hasta el campo de las razas humanas. De todos modos, con un aumento en el factor *azar*, y cierta alteración en la trasmisión de los caracteres *recesivos*[2], el mestizaje en la especie humana representa un hibridismo restringido, acaso el *hibridismo* cuantitativo de Le Dantec[3].

---

1   Teoría antropológica que habla sobre la hipótesis de la evolución del origen del *homo erectus* al *homo sapiens*.

2   En el hombre, los *recesivos* no transmiten el carácter en sucesivas generaciones. (En el estudio experimental *Experiments in plants hybridizacion*, Gregor Medel estableció las hipótesis de que existen regularidades básicas acerca de la transmisión genética por herencia de padres a hijos. Lo que no tuvo en cuenta la *antropología cultural* en el estudio de la sociedad, que también existen transmisiones de copias culturales de generación a otra generación como de Padres a hijos. N. del e.)

3   Felix le Dantec: *Principios de Biología*. (Este fue uno de los trabajos menores, traducido, que resume la labor como biólogo. Felix

La sociedad americana se compone de elementos carentes de unidad étnica. Híbridos de negro y blanco mezclados sexualmente con híbridos de negro e indio, o de indio y blanco, generan grupos sociales que en una sola generación presentan tipos humanos de visibles diferencias físicas y morales. Seriamente, los caracteres psíquicos del individuo no se rigen en la herencia por las leves mendelianas, ya que se trasmiten por conductos desconocidos, pero es un hecho que existe entre lo físico y lo psíquico, una relación indestructible que ha anotado la antropología. Así, un grupo de familias pertenecientes a las tres razas fundamentales, al desarrollarse para formar un conglomerado humano, ha producido a la primera generación, un grupo de imposible unidad política en sí mismo y que sólo podrá obtenerla, en casos excepcionales, por factores de fuerza superior a la anarquía del medio. De esta última observación dan fe los problemas sociales que su compleja etnología han impuesto a la América del Sur. Mientras en el Norte, el blanco no se mezcló ni con el indio ni con el negro[4], no existiendo así mestizos en número suficiente para ser factor social, el respeto a la Ley, el orden y las agrupaciones políticas se han desarrollado, en el Sur la vida política ha marchado en

---

elaboro a fines del siglo XIX y principio del XX un amplio trabajo de investigación del cual se destaca *Le déterminisme biologique et la personalité consciente,* una reflexión que equivaldría en en el terreno del espiritualismo a la determinación de la percepción en la identificación de los epifenómenos. N. del e.)

4   El sajón manifestó siempre repugnancia a su clase con el indio y el negro. Esto unido a su sistema colonizador en el que tomaron parte las familias completas, hizo que la función de razas no se realizara con la amplitud que, en América del Sur, a donde venía el conquistador sin compañera, uniéndose maritalmente después a la india o a la negra.

sentido inverso a través del tiempo, hasta presentarse en determinadas repúblicas de la zona *intertropical*, caracteres colectivos que concuerdan con lo que según el postulado de la psiquiatría, se ha llamado «disolución de la especie por degeneración».

Consecuencia del mestizaje es la inarmonía psicológica de los grupos americanos, inarmonía de la que Bunge[5] derivaba directamente la falta de sentido moral del mestizo. El tipo híbrido, principalmente cuando proviene de la fórmula americana (I + B + N = M), representa la mentalidad humana en su tipo primitivo, de acuerdo con el antiguo principio evolucionista darviniano: el cruzamiento de distintas variedades de una especie concurre a reproducir el tipo específico ancestral. Obtienese de esta manera la mentalidad pre-social de la tribu, con líneas morales rudimentarias, de turbio sentido político, fuerza que actuará dentro del Estado con un sentido de involución hacia las organizaciones sociales primitivas.

Pero aún dentro de esa tendencia al tipo único, no habrá unidad. El grupo generado por las razas mezcladas carecerá de un sentido político unánime, porque la *ley de herencia ancestral*[6] descubierta por Galton al estudiar el atavismo en *biometría,* hará que en cada individuo se presenten caracteres físicos y morales de sus ascendientes, en una proporción decreciente que concede lugar a todas las influencias,

---

5   Carlos Bunge: *Nuestra América*. (Se trata de Carlos Octavio Burge, sociólogo y jurista, cuyo título completo es: *Nuestra América y Principios de psicología individual y social, publicado* en 1903. N. del e.)

6   Cuando los padres varían apartándose del tipo medio, sus descendientes varían en el mismo sentido, pero con menor intensidad, hasta volver el tipo medio primitivo. (Ley de Galton).

hasta los caracteres de los tipos fundamentales. Con estas cualidades negativas, queda anulada la posibilidad de un tipo humano cuya moral social permita dentro del grupo, el avasallamiento de individualidad en un mismo sentido, que ha sido el fundamento moral de las organizaciones humanas a partir del desarrollo de la tribu.

Esta consideración social es ampliación de un círculo menor. Tomemos como punto de partida una familia que, caso frecuente en el pueblo hispano-americano, se forma con dos híbridos, un *mulato* y un *zambo*[7]. La primera generación de esa mezcla presentará ya una familia de perfecta inarmonía. La estatura media de los hijos será acaso la única línea de término medio en la prole. Unos serán negros por sus facciones, aunque no en lo absoluto por el color de la piel y los otros, en las proporcione mendelianas de 3:1, tendrán las líneas antropológicas que determinen los *recesivos* blanco e indio, aunque no pertenecerán a ninguna de las dos razas de un modo absoluto.

En *eugenesia*, Wenton ha creado un binomio, síntesis de la ley mendeliana, para la determinación de los caracteres psicopatológicos hereditarios. Se aplica a la *neuropatía*, pero no existe una razón que se oponga a que la fórmula se ajuste al *hibridismo político* de los mestizos. Así el binomio $(D + R)^2 = D^2 + 2DR + R^2$ en el que D representa los dominantes y R los recesivos en la tara hereditaria del individuo, permanece inalterable aun cuando, por ejemplo, D representa la capacidad política y R la tendencia moral a

---

7 En Cuba, en donde el indio desapareció, tempranamente lo sustituye en la aplicación de esta fórmula el asiático. En el Perú y Ecuador, así como en otras repúblicas del trópico, hay que sumar en la exposición de la fórmula el hijo de blanco y chino.

la anarquía. La formación del carácter moral del individuo no obedece, sin embargo, a esa fórmula exacta. Le Dantec lo ha sintetizado en una ecuación simple. La personalidad ética es producto de la reacción del individuo en el medio, es decir, un medio de capacidades puede modificar hasta cierto punto, la incapacidad moral heredada. Mas, en América, al traducir en lenguaje político la fórmula biológica, sólo se llega a la confirmación de la incapacidad política impuesta por leyes de biología, ya que el medio adolece de la misma falta de capacidad que hereda el individuo. Así la fórmula $(A \times B) = I$, es decir, la reacción del ser (A) sobre el medio (B) es el individuo (I) de capacidad equilibrada, se transforma en:

$(-A) -B = AB$, o séase doble incapacidad.

Los caracteres morales, no sometidos aún a una ley biológica, impondrán el desacuerdo entre los miembros de la familia. El temperamento, la capacidad intelectual, la contextura psíquica será paliforme. Las condiciones de adaptabilidad para la vida social variarán en la misma escala. En un determinado momento, una misma ley moral será interpretada con desacuerdo, porque los caracteres ancestrales impondrán su influjo en un sentido de variedad de reacciones.

Ampliemos esta consideración y pasemos de la Familia al Estado. La confusión de razas, crea dentro de este último, capas étnicas y morales que su primen el proceso de la evolución hacia el mejoramiento político. El protoplasma social al desarrollarse en el medio americano, creo un organismo anárquico en esencia. No actúa dentro de él una raza, sino tres razas fundamentales con sus híbridos. La superioridad intelectual (o guerrera) de la raza blanca, pudo someter a las otras, pero es una mera presión física sin trascendencia espiritual, ya que, en cualquier momento de debilidad, los grupos sometidos actuarán siguiendo su impulso propio ancestral[8]. Dentro del mismo Estado, como más adelante veremos, no se manifiesta una tendencia social sino fracciones de tendencias representadas por los diversos grupos que componen el total. De este modo, la anarquía es una tendencia que se manifestará con la decadencia de la raza dominante que en su caída precipita la bancarrota del régimen que impuso en el momento de apogeo.

Así, cuando la Nación llega en América a ser una realidad política, no se obtiene que dentro de ella las fuerzas vivas determinen un régimen de unidad, sino que el circunstancial predominio de una raza, impone regímenes políticos que desde el primer momento quebrantan las otras fuerzas sociales de las tendencias sometidas o acalladas.

---

8   Esta tendencia es un hecho histórico conocido. Una circunstancial libertad en los grupos integrantes de los estados americanos haría que esta sociedad heterogénea, por gravedad política, se fraccionara en sistema naturales a cada raza. Los quilombos brasileños eran y son resultados de la tendencia del negro a la tribu y la revolución peruana de Túpac-Amaru (1780) pone de manifiesto el sentir político del indio, que tiende a la jerarquización precolombina y ven el blanco, todavía, una raza conquistadora, dueña por la fuerza del suelo.

IV

Estructuración ético y psico-política de la sociedad americana en el siglo XIX

Siglo XIX. En Europa el eco de las palabras de Saint Just: «Dadnos una constitución y estará conseguida la unidad», se ha perdido en el redoble de tambores y las agudas notas de clarín que saludaron el advenimiento del Imperio. Se presiente el desquiciamiento de las monarquías absolutas que van a dejar libres tronos a las dinastías creadas por Bonaparte. A los dispersos huesos de los reyes de Francia, se han unido los restos decapitados de los dioses de la Igualdad.

El pensamiento del Mundo está en crisis. El ensayo del 93 ha difundido el *Contrato Social*, de Juan Jacobo Rousseau. Al derecho divino que sostenía las Monarquías, ha sustituido el Derecho Divino de los Pueblos. No se sabe, exactamente, qué es la Libertad. En su nombre se levantaron cadalsos para los tiranos, y más tarde para los acusadores de los tiranos. La sociedad americana tiene ya un carácter peculiar, una psicología que la distingue de los pueblos europeos. Durante tres siglos las tres razas que integran nuestra composición social, se han fundido, llenando el cumplimiento de la Ley social denunciada por

Nordeau[1]. El blanco puro sólo existe normalmente, en los peninsulares emigrados. El criollo tiene ojos oblicuos, que denuncian al indio, o toscas facciones que hacen ver su ascendencia africana. A la mezcla del indio con el blanco y de éste último con el negro, hay que sumar la del negro con el indio y toda la incalificable mezcla subsiguiente de las sub-razas que crean un tipo peculiar, con una psicología propia. Mientras más allá de Nuevo México, los libres estados de la América del Norte avanzan hacia el progreso, los pueblos mestizos llevan una vida sedentaria, hecha a base de sensualismo y de espíritu místico, como observa García Calderón.

El *sensualismo* y el *misticismo*, el goce de los placeres terrenos y la preparación de los goces de la vida futura, son, en realidad, las dos grandes fuerzas espirituales que en este momento predominan en la sociedad americana. Se peca en las noches con el mismo fervor con que se reza en las mañanas. Las calles de Lima, Caracas y Buenos Aires, están cortadas por la aventura de burladores galanes y enamoradizas doncellas. En la época del *Virrey hereje y campanero bellaco*, cuya tradición nos legó Ricardo Palma[2]. De la mañana a la tarde doblan las campanas, acicalando

---

1 Se trata de Max Nordau, crítico, escritor, publicista y médico, representante del movimiento sionista y cofundador de la Organización Sionista Mundial. Conocido mundialmente por *Entartung*, obra de carácter crítico sobre la decadencia y la degeneración cultural.

2 Ricardo Palma (Lima, 7 de febrero de 1833 - Miraflores, Lima, 6 de octubre de 1919), escritor romántico, costumbrista, tradicionalista, periodista y político peruano. Se le conoce por *Las mejores tradiciones peruanas*, seleccionadas y prologadas por Ventura García Calderón y acompañadas de una breve autobiografía; Casa Maucci, Barcelona, 1917. (N. del e.)

el fervor místico de aquella sociedad provinciana que, de *maitines* a *ángelus*, sólo oye la bronca oración de los metales.

La religión está minada en sus bases. Huye la virtud de los conventos y la aventura del Tenorio sevillano se repite con frecuencia. El clero, viciado por el espíritu de la colonia, explota inicuamente al indio que los predicadores del siglo anterior habían ganado para la causa de Cristo. La prédica igualitaria, la magistral voz democrática de Jesús, se han perdido y en las suntuosas iglesias de Buenos Aires, de Lima, de Caracas y de México, está vedada la entrada al indio, al zambo, al mulato y el negro. Se niegan las familias a emparentar unas con otras, acusándose de impureza de sangre y en la bolsa de la vanidad pseudo aristocrática, vale más el aventurero peninsular que el lujo del país en quien puede descubriese un destello africano o indio[3].

Hay en la psicología social americana de este momento una característica: la *melancolía*. La raza que conquistó y colonizó a América, había vivido cuatro siglos de misticismo. Al legado fatalista del árabe, había sumado el peso espiritual de la renunciación de los bienes terrenales. Mientras América se poblaba y recibía la inyección hispánica, en la Península cada montaña se coronaba de una ermita, y cada camino estaba hollado por una sandalia. Carlos V había dejado el trono por el reclinatorio del monasterio de Yuste, y Felipe II oía misa, enfermo para morir, desde su lecho real. Así, al fatalismo oriental del indio se había sumado la convicción de la inutilidad de todo esfuerzo que no tendiera a ganar celestiales preces. También de la Europa del medioevo ha-

---

3   Jorge Juan y Antonio de Ulloa: *Noticias secretas de América*. Tomo I: (Siglo XVIII) Madrid, Editorial-América, 1918.

bía recibido el americano el desdén al trabajo. El esfuerzo personal, que era en la oscura Europa del feudalismo un signo humillante, se convirtió en América en vergüenza a la que no se sometían los conquistadores ni sus hijos, que dejaron la atención de las tierras a los esclavos y su administración a los mestizos.

De la moral cristiana se derivó una verdadera moral colonial. Se llegó, según la frase de Agustín Álvarez, a la «degradación del hombre para glorificación de Dios»[4] y la misma Iglesia cuidó de justificar las crueldades de la esclavitud, poniendo un premio al sufrimiento terreno, ya que el hombre había venido al mundo para sufrir provisionalmente a cambio de la eterna beatitud. El trabajo forzoso del indio y del negro trajo como consecuencia la degradación para el blanco trabajador, que sólo aspiraba al ocio, aunque no oliera de la pobreza. Mientras en Norte América el trabajador encontraba –según la afirmación de Tocqueville[5]– los medios de ganarse la vida sin desdoro, en la América española aprendía a despreciar el trabajo y a imponer su sentimiento de desprecio a los proletarios, parias que de sol a sol labraban la riqueza del campo, violaban las entrañas de la tierra en busca del oro o desafiaban las profundidades del Golfo de Darién.

Resultó humillante servir a los pequeños y honroso estar al servicio de los grandes. Sojuzgadas el espíritu del clan y de la tribu, todo derivó hacia el feudalismo, destruido ya

---

4   Agustín Álvarez. *La herencia moral de los latinoamericanos.* Buenos Aires: La Cultura Argentina, 1919.

5   Se trata de Alexis de Tocqueville: *La democracia en América* (2 tomos). Ciencia política. Trad. de Dolores Sánchez de Aleu. Madrid: Alianza Editorial, 2002. (N. del e.)

por la unidad monárquica en Europa. El espíritu guerrero de los señores está en receso forzado y circunstancial y el de los siervos ha degenerado en la indolencia criolla que Unamuno quiere explicar por «lo grato del sol».

Cuando el primer rayo de sol del siglo xix alumbra los campos de América, no es interesante ni optimista el espectáculo que dora. En Buenos Aires el coloniaje comienza a pesar. Ya años antes, la conspiración brasilera de Villa Rica había sido en América el primer reflejo activo del 89 francés. Hasta ese momento francés solo había existido conspiraciones y rebeliones parciales de indios y negros en el Cuzco, en Nueva Granada y Brasil. En Quito, en Tucumán, en México y Cartagena, con el pretexto de reuniones literarias, se comentaba el *pasquín sedicioso*, que impreso en Caracas por Nariño[6], había llevado a la cárcel al traductor de *Los derechos del hombre*.

Mientras la clase culta criolla seguía la sugestión igualitaria de los enciclopedistas, el futuro ciudadano paseaba su alma indolente del Anáhuac a los Andes chilenos. Desde México a la pampa, la *hilacha*, la *guajira*, el *bambuco*, la *marinera* y la *vidalita*, llenaban de melancolía los llanos que limitan los volcanes y al son metálico de bandurrias y guitarras se unía la suave nota de la quena.

América era pobre y era ignorante. El clero, que controlaba la enseñanza superior, había remozado en las Universidades americanas el escolasticismo que rechazaba la Europa abierta

---

6   Se trata de Antonio Amador José de Nariño (Santa Fe de Bogotá, 9 de abril de 1765 - Villa de Leyva, 13 de diciembre de 1823), político y militar neogranadino, operó en la independencia del Virreinato de la Nueva Granada. Prisionero por la traducción, a fines de 1793, del texto aprobado por la Asamblea Nacional de Francia (4 de agosto de 1789) *Los derechos del hombre y del ciudadano*. (N. del e.)

más allá de los Pirineos. Las restricciones gubernamentales impedían la entrada de libros «sediciosos», en los que se reflejaban las nuevas corrientes ideológicas. América, universitariamente dominada Primero por los jesuitas, y después por los dominicos en sus dos cumbres de tradicionalismo filosófico, Córdoba del Tucumán y San Marcos de Lima, ignoraba la rebelión de La Mattrie con su *hombre Máquina*[7]. Mientras Europa vivía el momento más intenso de su cultura filosófica, en pleno fervor *kantiano*, cuando ya el filósofo de Heidelberg había arremetido contra el dogmatismo crítico y la era *post-kantiana* se iniciaba con Jacobini, Fitche Schilling, y Herbart, el doctor Francia y el Dean Funes estudiaban en Tucumán la *summa* teológica del *tomismo*[8].

La cultura, nula en el pueblo y escasa en las altas clases, era recientemente conservadora, teológica y absolutista. La semilla de los enciclopedistas fructificaba malamente en un medio sin tradición filosófica y sin capacidad crítica. Cuando D'Alambert y Diderot iniciaron la publicación de la *Enciclopedia*, contaban con más de cuatro mil suscriptores en Francia[9]. Lustros después, en la universitaria ciudad

---

7   Se trata de Julien Offray de La Mettrie (Caen, 25 de diciembre de 1709 - Postdam, 11 de noviembre de 1751) médico y filósofo francés, materialistas de la Ilustración. Hedonista por naturaleza, y del criterio que el hombre es lo que come. Las enfermedades modifican su vida psíquica. Ésta varía según el sexo y según la edad, según la herencia y según el clima. Publicó El *hombre maquina* en 1748. Existe una traducción al castellano por Editorial Universitaria de Buenos Aires, 1961. Alberto Lamar debió leer la obra de la Editions Bossard, Paris, 1921. (N. del e.)

8   Se trata de la *Summa Theologiae* de Santo Tomás de Aquino. (N. del e.)

9   Karl Volander. *Historia de la Filosofía.* (Alberto Lamar debió leer la edición de Talleres Grafico de Antonio López, Barcelona, 1922. N. del e.)

de Córdoba, llamaba la atención el hecho de que el Dean Funes[10] tuviera en su poder libros franceses de esa época. En realidad, la prédica democrática llega a América unida a la acción ejemplar de la revolución francesa, adelantándose las consecuencias a los fundamentos y a la acción al principio intelectual.

Anticipando la toma de la Bastilla, Francia había vivido la revolución espiritual que Holbach propone como reacción sobre el *iluminismo*, que amparaba la prusiana corte de Federico el Grande. Diderot había señalado el valor del hombre en sociedad, y Helvetius enseñado el sensualismo de Cadillac como base a su teoría del egoísmo fundamental, de la que Volney derivaría, en el momento de la revolución, el Catecismo del *ciudadano francés*.

El enciclopedismo carece de proceso intelectual en América. Se le ignora totalmente, aún después de conocer sus resultados políticos. Carente de filósofos desde Raimundo Lulio y Averroes, España no pudo oponer a la filosofía revolucionaria de la enciclopedia tesis ni tendencias filosóficas de combate. No logró, tampoco, como la Prusia de Federico, llevar el pensamiento por veredas y por rutas que lo apartaran de los principios revolucionarios que minaban la corte de Luis XVI. El *iluminismo* de Prusia lo imitó España con una vuelta al Santo Oficio. Limitó en sus colonias la alta cultura o, mejor dicho, la posibilidad de alta cultura, cerrando la libertad del pensamiento, cohibiendo y limitando el conocimiento de las posibilidades liberales.

---

10 José F. Silva. *El libertador Bolívar y el Dean Funes*. (Alberto Lamar debió consultar la edición sin fecha de América, Madrid, cuyo título completo era *El Libertador Bolívar y el Deán Funes en la política argentina: revisión de la historia argentina*. N. del e.)

Opuso España al principio revolucionario, no un principio conservador, sino la negación absoluta a su conocimiento y análisis. Frente al espíritu republicano plantó, como un baluarte, no las ventajas de la monarquía, sino, exclusivamente, la negación de la República como posibilidad política. Carente de sentido geográfico, creyó que el Atlántico era suficiente barrera para que América jamás supiera de la Bastilla, y estimó que la seguridad de las colonias radicaba sólo en evitar que los criollos se educaran en Francia o en Estados Unidos. Tan es así, que después de la cédula de Carlos IV, el 18 de noviembre de 1799, prohibiendo sin resultado político que los americanos se educaran fuera de la Metrópoli, sin aprovechar esa experiencia, rotos ya los lazos por el Continente, comprendiendo que Cuba tenía que seguir el camino de la emancipación, no vaciló Fernando VII en dictar la Real Orden del 9 de marzo de 1828, ordenando que «sin vacilación ni demora se enviasen a la Metrópoli los jóvenes que estudiaban en los Estados Unidos»; decreto que se reafirmó al siguiente año con el de 29 de diciembre de 1829, que mandó «hacer regresar a la Isla, sin excusa, a los jóvenes que se educasen en los Estados Unidos».

Todavía veintiocho años después de Ayacucho, en 1852, el capitán General Concha manifestaba su oposición a que los cubanos visitaran Francia y especialmente los Estados Unidos, en donde, según informe del Ministro de España en Washington, aprendían «teorías contra la monarquía, el orden y la religión».

Con ese principio colonizador solo se obtuvo la incapacidad de crítica de que todavía nos recentismo, en América. Encasillada en el dogma absolutista de Luis XIV, la España de los Borbones no concedió a la plebe su puesto de punto de aplicación de una fuerza histórica que tiende a la revolución y privándola de la facultad de análisis, creyó evitar el cumplimiento de un dictado de biología social.

La cédula especial de 2 de diciembre de 1797 no cerraba el paso a principios expuestos y difundidos en libros que América por su escasa cultura no leía, pero sí destruía la posibilidad de que fuera conocido un fenómeno que, al presentarse años después, era exótico y, como tal, fue apurado y aceptado sin las reservas con que el análisis hubiera limitado sus alcances. ¿Qué podía saber de Democracia el México del Marqués de Branciforte, que sostenía que «en América sólo se debe enseñar el cataclismo» ¿No se declaró rebelde en 1816 a todo criollo venezolano que supiera leer?

La incultura popular de aquel momento se manifieste en los espectáculos más gratos a la plebe americana, Las corridas de toros y las riñas de gallo son las fiestas predilectas del mestizo. El teatro, que habla llegado en España a las cumbres del Siglo de Oro, era un espectáculo exótico, cuya decadencia habían iniciado los *Autos de fe*, tan gratos a los inquisidores. La Iglesia, más que el Estado, reglamentaba la vida uniforme, monótona, casi conventual, melancólica en la que privaba un espíritu ceremonioso de fría etiqueta. Era América un todo sin cohesión social, sin nexos espirituales, sin tradición intelectual ni política, ajena a todo principio de organización y saturada de prejuicios democráticos.

Unido a España por los férreos lazos del coloniaje, el continente, rico en potencia, estaba viviendo la decadencia española que iniciada por los príncipes de la Casa de Austria había continuado bajo la versallesca ostentación de los Borbones. Monopolios como el de la Compañía Guipuzcoana, limitaciones comerciales, inútiles exigencias aduanales, habían traído con la decadencia del comercio legal la preponderancia del contrabando.

En el orden espiritual se presentaba un fenómeno de inversión de valores. La aristocracia colonial, la clase culta y rica, aspiraba ya a la emancipación, excepto en el Perú, del yugo español, a la instalación en América de los principios revolucionarios. El pueblo, conjunto de hombres sin principios, que utopistas de Caracas y Buenos Aires soñaban en convertir en *demos* platonianos, era monárquico, retrogrado, clerical, conservador borbónico y español. Por oposición al *mantuano* ilustrado[11], libre pensador y republicano, el plebeyo americano estaba ligado espiritualmente al populacho madrileño que gritaría un día cercano: ¡Vivan las *caenas*![12].

De ahí el fracaso de Miranda, el girondino iniciador de la independencia de América. La inercia de las clases populares de Venezuela es un fenómeno sintomático de lo que era, políticamente, la América en 1806.

---

11   La expresión suele identificarse con el Barón de Humboldt, para señalar la antítesis entre la ilustración y el salvajismo. *Mantuano ilustrado* contenía la imagen, según Humboldt, de aquel caraqueño apasionado leyendo a Reynal, pero maltratando con insensibilidad a sus esclavos. Pino Iturrieta constata que esta contradicción era típica de la mentalidad de la emancipación americana. Diana Soto y otros autores: *La ilustración en América*. Consejo Superior de investigaciones Científicas, Madrid, (N. del e.)

12   ¡Vivan las *caneas*!, slogan acuñado durante la Constitución de 1812, estandarte liberal contra el absolutismo, durante la ocupación francesa de España. La *Constitución Liberal* de 1812, que daba poder al pueblo y relevancia a este poder, se enfrentaba a muchos partidarios del antiguo régimen. Y frente al «¡Viva la Pepa!» de los liberales, apareció el grito «¡Vivan las *caenas*!». Una expresión a favor de las «cadenas» y en contra de la «libertad». (N. del e.)

V
Legitimación americana: la independencia

E l espíritu conservador, borbónico, del pueblo americano, es lo que determina incidentalmente la independencia continental y pone fin al Imperio que constituyó la vanidad de Felipe II. Ese espíritu favorable al absolutismo, defensor de la Casa de Borbón, trae paradójicamente la emancipación y la República. Eliminado del determinismo histórico, fortuitamente derivada la atención de Bonaparte hacia otra parte del mundo, supuesto un eclipse del imperialismo francés en 1810, otro habría sido, acaso, el destino de las colonias. Sólo la ambición y la indeterminación del Rey Fernando VII pudieron precipitar acontecimientos que, ligados a la incapacidad política española, determinaron años después de iniciados la definitiva emancipación de las colonias que sirvieron de último baluarte a la grandeza de España.

Un espíritu menos borbónico, menos fuerte conservador en el pueblo, habría bastado para que Bolívar, aprovechando la cruda lección del General Miranda, se hubiera abstenido de todo intento revolucionario. Pero los americanos demostraron un legitimismo más arraigado que los representantes del poder colonial. La aceptación de José Bonaparte como Rey Constitucional y su proclamación como tal en Venezuela inicia el movimiento popular que años después cristalizaría en la independencia. El caso se repite en México y simultáneamente, aunque no análogo, en Buenos Aires. La llegada a Río de Janeiro de la Corte de Lisboa y la instalación de Juan VI en el Brasil, por el contrario, detienen las corrientes liberales y aíslan el vasto imperio de las corrientes revolucionarias, caso que se hubiera repetido en cualquier estado americano, Nueva Granada, México, Perú, o Argentina, si Fernando Vil, huyendo de Bayona, instala su trono en América.

La guerra iniciada en 1810 era ajena a todo principio, no ya democrático, sino liberal. La Junta Patriótica de Caracas destituyendo a Emparán, el 19 de abril, lo hizo en defensa de Fernando VII y en nombre del pueblo, que un año después se declararía independiente de España, pero no de su monarquía.

El movimiento revolucionario –dice un ilustre sociólogo venezolano– no tuvo a su favor la masa de la población, la cual, desde el principio, se manifestó hostil a los blancos *mantuanos*, iniciadores de la idea patriótica[1]. Después de la serena demostración de Gil Fortoul[2] es obvio tratar de probar que la Guerra de Independencia fue otra cosa que una lucha civil. De indios, de negro, de zambos, de mulatos y criollos estaban formadas las tropas de Boves, de Yáñez, del

1   Julio Salas: *Ob. Cit.* Capitulo IV.

2   José Gil Fortoul: *El hombre y la historia*. Ensayo de sociología venezolana. Librería de Garnier hermanos, París, 1896. (José Gil Fortoul, Barquisimeto, Estados Unidos de Venezuela, 25 de noviembre de 1861 - Caracas, Estados Unidos de Venezuela, 15 de junio de 1943, escritor, historiador, político y miembro del positivismo venezolano. N. del e.)

Virrey Abascal y de Liniers[3]. Criollo era Iturbide y nativas en gran parte y las tropas que defendieron a Fernando VII hasta el pacto de Iguala. El primer ejército peruano lo formó Sucre en 1826, con parte de las tropas venadas en Ayacucho, todas peruanas[4]. El mismo Mariscal La Mar, ecuatoriano de nacimiento y Presidente del Perú, sirvió a España hasta 1823, igual que el Mariscal Santa Cruz, que llegó a ser Presidente de Bolivia, después de servir a España hasta 1820.

Los llaneros que acompañaron a Páez en *Las Agueseras*[5], antes estuvieron y siguieron hasta su muerte, con Boves y la causa de España. Porque Belgrano despliega al pie de los Andes la bandera azul y blanca de Argentina, Rivadavia lo reprende en nombre del gobierno de Buenos Aires, cuyas juntas tienen en Europa delegados que buscan un príncipe español para el nuevo trono. Desde el Perú, Goyeneche lo declara insurgente y pone sus tropas realistas para cortar el paso a la nueva bandera que melancólicamente fue arriada en Jujuy, hasta 1813.

Cuando las desorientadas corrientes que actúan en la revolución, años después de iniciada, derivan hacia el sentimiento de independencia, todavía en la conciencia americana no

---

3   En 1830 el Ejército Español se componía en América del 23.000 peninsulares 23.000 americanos regulares y 43.000 americanos de milicias.

4   Daniel F. O'Leary: *Memorias*. (Daniel Florencio O'Leary, Cork, 1801 - Bogotá, 24 de febrero de 1854, militar y político irlandés. Después de Jamaica, en 1831, se dedica a recopilar y ordenar el archivo de Bolívar y comienza la redacción de sus memorias, publicadas por su hijo, Simón Bolívar O'Leary, bajo el título de *Memorias del general O'Leary*. N. del e.)

5   Se trata de *Las Queseras*, actual estado Apure en Venezuela, lugar donde se produjo en 1819 la batalla de Las Queseras del Medio. (N. del e.)

late el ideal democrático. Consumada la emancipación, estampados en la Historia los nombres indígenas de Junín y de Ayacucho, la aspiración monárquica persiste y se manifiesta desde México a Buenos Aires. Sólo el alto prestigio de Bolívar y la férrea mano del gran romántico pudieron salvar a América de que los leones castellanos y las flores de lis arraigaran en las tierras que un grupo de idealistas –a minoría necesaria de Zarathustra– había querido ganar para la igualdad democrática.

El Plan de Iguala, más que otro documento, brinda al sociólogo idea de lo que es América en ese momento. El fanatismo de las masas se refleja en la imposición constitucional del catolicismo y la aspiración monárquica en el llamamiento al prisionero de Bayona o a uno de sus parientes, pan que llenara el trono que ocuparía después la advenediza dinastía de Agustín I. En Buenos Aires, reflejándose en el espíritu popular el sentir monárquico de José de San Martín, una tendencia romántica pretendía vestir con las atrayentes galas del liberalismo el despotismo teocrático de Túpac Amaru, llegándose en el absurdo de un momento a pensar por algunos, en la posibilidad de un matrimonio entre el último descendiente de Atahualpa y una de las infantas brasileñas, hija de Juan VI. La diplomacia americana, quince años después de iniciada la revolución, citado por Bolívar el Congreso de Panamá, consumada la emancipación del último baluarte español sobre el que convergieron las espadas de Bolívar y San Martín, recorría todavía Europa buscando monarcas[6]. Desde el Duque de Orleans, aspirante

---

6   El 24 de diciembre de 1824, trece días después da Ayacucho, se envió a García del Río, en Londres, un mensaje en el que se le pedía que buscara un príncipe inglés para el Perú o, en su defecto, un italiano.

al trono borbónico de Francia, hasta el italiano Duque de Lucca, también de la rama de los Borbones, fueron señalados como candidatos. El fracaso de esas gestiones –que en Europa ayudaba Chateaubriand[7], autorizado en Verona a apoyar el plan monárquico americano– se debe a Bolívar.

Pero el Libertador es la excepción americana. Cuando la terminación de la guerra trae el desorden y la desmoralización colectiva, la monarquía más o menos constitucional es la solución única que se presenta a los antiguos románticos. La utopía se ha esfumado ante la contundente realidad y si las monarquías no se entronizan se debe a la influencia del Libertador y, hasta cieno punto, al ejemplo de Agustín I de México, que expió en el cadalso su remedo del 18 Brumario.

Las democracias de América surgen circunstancialmente, sin arraigo en las masas, fuera de toda aspiración, por una serie de movimientos desorientados, casuales, imprevistos, que derivan en la república como pudiera derivar en la monarquía. La igualdad es un principia exótico, aun para aquellos que han de aprovecharla: la Democracia, una palabra sin sentido, que deriva en una demagogia trascendente; la Libertad, un sueño irrealizable dentro del espíritu de desorden, y la Fraternidad, un verso hueco, acallado por el fragor de las luchas personales.

En el Congreso Constituyente de Bolivia, Serrano formó un bloque monárquico que mantuvo tirante la decisión de la asamblea. Véase a Sabino Pinilla: *La creación de Bolivia*. Editorial América, 1917.

7   Se trata de François-René, vizconde de Chateaubriand, Saint-Malo (Bretaña, 4 de septiembre de 1768 - París, 4 de julio de 1848). Diplomático, político y escritor francés considerado el fundador del romanticismo en la literatura francesa.

VI
La ética del independentismo americano: dictaduras y absolutismos

L a independencia –consagrada en Ayacucho, la acción trascendental de ochenta minutos que determinó la capitulación de Canterac– es, más que la implantación del Derecho Individual, la liberación de las fuerzas espirituales que en el alma criolla había mantenido ocultas la organización colonial. Las reacciones y absorciones psicobiológicas que durante tres siglos había verificado la idiosincrasia americana crearon nuevos valores espirituales que brotaron tan pronto la presión política de España desapareció.

Pueblos impreparados, pueblos antidemocráticos, con definida tendencia a la anarquía, la Libertad fue en ellos la expansión de las características étnicas y la aplicación de las fueras anárquicas, cultivadas en potencia por el coloniaje. La revolución al brindar la oportunidad del gobierno hispanoamericano, hasta entonces no ensayado, abre la brecha a las corrientes de desorganización que perduran en nuestros días.

Desorganizadora en esencia es la guerra, y máxime cuando el guerrero reacciona sobre una tradición de esclavitud. Las marchas desde Colombia al Perú y desde Buenos Aires a la costa del Pacífico, los arcos de triunfo y las coronas de laurel que ceñían la frente de los vencedores, los himnos de triunfo que saludaban a Bolívar[1] y a San Martín, a Sucre y a La Mar, a Córdoba y a Gamarra, la consagración popular del héroe actuando sobre la tradición española del culto al coraje, comenzaron por provocar la decadencia de la idea ante el apogeo del caudillo.

Endiosados los héroes a los que seguía la adhesión del indio al cacique victorioso y del negro al oscuro rey de la tribu, la guerra fue la persecución de la gloria, la captura del laurel, la conquista del arco triunfal más que la serena persecución del ideal. Frente a la revolución norteamericana que mantuvo a Washington dueño de todos los prestigios humanos el apasionamiento latino americano puso aureolas de mito en la frente de sus libertades. Bolívar es un Júpiter; Sucre tiene la espada de Marte; Necochea es fuerte como Áyax; Miller recuerda a Diomenes; Lara evoca a Ulises. El poema panteísta que cien años después cristalizaría en la sonora maravilla de *El Hambre Sol*, de Chocano, que hace de Ayacucho el desencadenamiento de las fuerzas de la Naturaleza, tiene su precedente en *Junín*, el épico tanto de Olmedo, del que dijo Bolívar que era «una parodia de la Ilíada con los héroes de nuestra pobre farsa»[2].

---

1   De Bolívar a Washington hay la distancia del genio a la mediocridad. Fue Washington un hombre noble puesto al servicio de una causa justa. Bolívar, el hombre que se siente llamado a marear un camino en la Historia. Fueron los dos demócratas a sus maneras. Washington después de cinco años de ser Dictador de Jure, renuncio a la corona por reconocerse incapacitado para ella; Bolívar Dictador de facto, por creerla para gloria para él. Dos temperamentos distintos actuando en medios fundamentalmente diversos, no hay posibilidad de pararlo.

2   Simón Bolívar: *Correspondencia*. (Se trata de Memoria del Secretario General del Libertador. Fecha de publicación: 1822, Editorial Guayaquil [s. n.]. N. del e.)

Vivida por otros hombres, la epopeya americana hubiera sido un desalado correr de soberbias profanadoras de plintos. Sólo que aquellos luchadores tenían una coraza de grandeza y de ensueño más fuerte que la vanidad y la soberbia. Bolívar rechazando un trono; Sucre renunciando a la presidencia vitalicia de Bolivia; San Martín tomándo la ruta de Europa para que su grandeza no proyectara sombra alguna sobre la espiritual hegemonía de Bolívar, salvan el brillo inmaculado de sus espadas. Pero entre los héroes había también los héroes menores del mito helénico. Ellos hacen de América un continente de anarquía, arrancando veinte dramas mezquinos a la tragedia épica de la libertad.

Deslumbrados de gloria, acostumbrados al poder casi omnímodo de las jefaturas militares, seguidos por turbas sin principios, actuando en un medio arruinado materialmente por tres lustros de guerra, recelosos unos de otros, los primeros gobernantes americanos prolongan en la paz la anarquía política que ni aún el brazo endiosado del *Libertador*, pudo dominar en los años de guerra.

La libertad no estaba consagrada y ya la disciplina social se había quebrantado. Libertado el Perú[3] por el esfuerzo

3   La tradición virreinal en el Perú fue desde el primer momento una barrera al triunfo de la democracia. San Martín encontró en Lima una sociedad cortesana, contraria a la república. Esto unido a la convicción monárquica del Protector hizo que en pleno triunfo la republica entrara en transacciones entre el viejo y el nuevo espíritu político. Los títulos de nobleza concedidos por la monarquía hubieron de ser respetados, respeto incompatible con el idealismo de la revolución. La Sociedad Patriótica, presidida por Monteagudo era, por otra parte, una autorización al espíritu monárquico por ella mantenido y propagado. En el año constitucional de 1821 había en Lima un duque, cincuenta y siete marqueses, cuarenta y cinco condes y doscientos «caballeros cruzados» de distintas órdenes españolas.

común de Bolívar y San Martín, las traiciones de Torre Tagle y de Riva Agüero pusieron en peligro la estabilidad de la joven república. La indisciplina del bravo Piar había sido sólo el inicio de la indisciplina colectiva a que la independencia brindaría expansión. El necesario concepto de *Patria* y *Estado* estaba anulado por el espíritu de cacicazgo y la limitación espiritual de la provincia. La desintegración de los estados coloniales fue un hecho natural al desaparecer la presión de la Colonia, fuerza que los mantuvo unidos artificialmente durante tres siglos.

Páez no quiere la Gran Colombia, porque su *patria es el llano*. Así, mientras aprende a leer, aísla a Venezuela del resto de América, desenvolviendo una dictadura amparada en sus prestigios guerreros. Santander, aprovechando la ausencia de Bolívar, impone su localismo a Colombia. Buenos Aires lucha vanamente por la unidad de Argentina en un esfuerzo inútil para someter a los caudillos provinciales. A las elecciones fraudulentas de Dorrego, sigue la revolución de diciembre, encabezada por Lavalle y Paz y que por varios lustros prolongaría las luchas de los caudillos, momentáneamente unidos para la guerra contra el Brasil[4].

De esta aristocracia que formaba la clase culta y rica del Perú, solo siete apellidos figuran en la aceptación del acta constitucional.

4   La historia ha sabido hacer justicia a Dorrego, el primer federalista argentino. La actitud del héroe de Salta y Tucumán frente al Partido Unitario era producto de una certera visión política y si Dorrego para imponer su credo valióse de medios inconstitucionales sólo respondió al espíritu del momento que habla fornido a la inconstitucionalidad la impasible Carta Magna de 1826. Dorrego vio la imposibilidad del unitarismo en un país geográficamente federalista. Véase *Dorrego y el federalismo argentino, documentos históricos seleccionados y comentado* por Antonio Dellepiane, Buenos Aire, 1926.

En Bolivia no se respeta la augusta figura del Gran Mariscal de Ayacucho, contra el que conspira Olañeta, apoyado en la dictadura peruana de La Mar. En México la dictadura militar de Santa Ana inicia una era de violencias e inconstitucionalidad que se mantendrá hasta nuestros días, aun cuando en ella brille el alto nombre patricio de Benito Juárez. En Chile la caída de O'Higgins, sustituido por Freyre, motiva la institución de un doble gobierno constitucional, cuya dualidad tiene repercusión en toda América.

En todo el continente reinan el desorden, la desorientación y la anarquía. El Congreso de Panamá es un esfuerzo vano y un convenio internacional que no sancionan los pueblos, ya que en aquellas sociedades organizadas por la fuerza y guiadas por militares, nada podía significar el principio de arbitraje concebido por Bolívar.

Coincidiendo con el movimiento liberal que marca en Europa la caída de Carlos V, en América se mira la estabilidad de las dictaduras militares como solución al problema de la anarquía. La abstención de la Santa *Alianza* en los asuntos de América conseguida por Canning, había roto la liga de los gobiernos absolutos y brindado oportunidad a Bélgica y a Polonia para iniciar la revolución. Parma y Módena dieron la bandera tricolor de la unión italiana. Europa volvía al parlamentarismo y a los gobiernos constitucionales. América, desequilibrada, empobrecida, dividida por los hombres que la independizaron, exigía dictadores cuyas ventajas dentro del momento que se vivía había señalado Bolívar. Los gobiernos civiles eran desacatados, rechazados por las masas hechas al régimen militar. Las urnas habían sido desde el primer momento eliminadas por el fusil y el improvisado ciudadano tendía más a ser gobernado que a tomar parte en el gobierno, a no ser como gobernante.

La revolución, atendiendo a una necesidad organizadora, había cultivado el espíritu militar, inactivo y sin iniciativas, en bien de la disciplina que requería la campaña. Así, mientras las democracias de Inglaterra y Francia nacieron abatiendo el absolutismo, las de América sólo lo alteraron en su radicación. Del absolutismo civil del rey se pasó al del General. El no haber procedido en esa forma, la concesión de amplios derechos de *ciudadano* al soldado, llevaron cincuenta años, después, al fracaso y la ruina la revolución cubana de Yara, cuando la Constitución de Guáimaro, previsoramente redactada para impedir el brote dictatorial, decretó el desorden.

En aquel medio confuso de la revolución sólo las manos fuertes podían conducir al triunfo. Así en el momento de aguda crisis espiritual, se sentó, por experiencia derivada de la necesidad, un postulado terrible: la libertad es anarquía.

¿Quién podía mantener el orden? Veinte años de revolución lo habían desbancado todo y quebrantado todas las posibilidades de organización. El ciudadano durante quince años cultivado por la dictadura militar quiere en ese momento una civilidad de cuartel. No existe otra ética política que la sumisión. El origen de la revolución se hacía sentir.

Es carácter bien observado de las revoluciones el que una vez pasado el fervor del momento primero, llegada la estabilidad del triunfo, se inicia una reacción ideológica y moral hacia el pasado, reacción que constituye el elemento de equilibrio que rige la aplicación de los nuevos principios. La revolución americana no pudo tener ese espíritu conservador, ni era una posibilidad el retomo ideológico limitado a los valores antiguos, puesto que éstos no habían existido. La ley psicológica de los movimientos populares destaca en la revolución dos fuerzas, la tendencia avanzada de la minoría directora y el espíritu conservador de las masas. De la aplicación de ambas fuerzas se deriva la línea resultante, ponderada y dotada de equilibrio a fuerza de mutuas cesiones.

Las masas de la revolución americana no presentan ese espíritu conservador cuando la revolución termina, porque en ellas la desorientación espiritual que las llevó del coloniaje a la incomprendida democracia, había creado una modificación del espíritu absolutista hacia el caudillismo, movimiento concordante con otro, en sentido inverso, de la democracia al absolutismo republicano, que se había operado en las minorías directoras.

Desde ese momento están decretados los *providenciales*, véase que el pueblo aprendiendo a manejar el fusil, hecho a la vida de campaña, sólo ha logrado elegir e imponer sus autócratas. La atomización que con la paz trajo la independencia unida al endiosamiento y a la preponderancia del jefe –cuya jefatura no se concibe sin entorchados– inicia la era del *caudillismo*.

La dictadura tenía la consagración definitiva de Bolívar, pero en su remedo sólo había pigmeos. Sin embargo, la anulación del ciudadano y la imposición de regímenes inconstitucionales es el resultante de una presión social, cuando cansados de anarquía y desgobierno, los pueblos aspiran a la tranquilidad y el orden que permita el desarrollo económico de los empobrecidos estados. Gobiernos de esa índole encabezados por civiles no podían existir allí en donde las fanfarrias militares y las banderas desplegadas ejercían una fascinación espiritual sobre las masas, hechas a someterse en silencio ante la fuerza que representaban los *generales*.

VII
La realidad psico-políica americana: el *caudillismo*

Bunge[1], el sociólogo argentino, que con Ramos Mejía[2] tanto ha contribuido a la organización del cuadro espiritual criollo, señala como caracteres salientes y generales en el latinoamericano la tristeza, la indolencia y la arrogancia. Son estos rasgos primordiales que denuncian en el criollo sus orígenes ancestrales Le viene la tristeza del indio, raza que al someterse torno en melancólico y resignado su carácter bravío. La indolencia es el legado

---

1   Se trata de Carlos Octavio Bunge (Buenos Aires, Argentina, 19 de enero de 1875 – ibídem, 23 de mayo de 1918). Sociólogo, escritor y jurista. La principal obra, *Nuestra América y Principios de psicología individual y social* (1903) constituye un testimonio de envergadura sobre la condición humana americana. De influencia darwinista, los postulados más sonados de Bunge inferían que la lucha entre los hombres poseía análoga entidad a la que la sostenían las demás especies en la naturaleza, aunque el triunfo de unos sobre otros quedaba en gran medida «predeterminado» por la «aspirabilidad». (N. del e.)

2   Se refiere a Francisco Ramos Mejía (1847-1893). Sociólogo, historiador y jurisconsulto argentino, pilar de las ideas que avanzaron sobre el siglo XX en el país. Fundador de la Sociedad de Antropología Jurídica, introduce en Argentina las teorías penales de la escuela positivista a partir de los *Principios fundamentales de la escuela positiva de derecho* (1888). De sus obras, las más destacadas: *El federalismo argentino* (1889) e Historia *de la evolución argentina* (publicado postmortem, 1921). (N. del e.)

del negro y en parte, también, del andaluz que nutrió las patrullas de la conquista. En cuanto a la arrogancia criolla es la prolongación del carácter español del siglo XVIII.

Con la soberbia y el ímpetu del conquistador, con la esquivez rencorosa del indio –escribía a principios del pasado siglo el venezolano Daniel Mendoza– suele aparecer de cuando en cuando en el *llanero*, en su semblante y en sus ademanes la tristeza de las razas vencidas. Es el esclavo condenado por los galeotes y sumido en el fondo de la oscura santabárbara de la carabela negrera que aparece en ese férvido elemento español e indígena[3].

De ahí deriva el escritor la propensión del llanero al aislamiento y su carácter altivo, soberbio, orgulloso, que le hace aparecer arrogante, triste e indolente como afirma Bunge.

Pero la arrogancia que Bunge apunta como una cualidad psicológica americana, tiene un sentido más amplio en su influencia social. Es más bien un individualismo primitivo,

---

3   Daniel Mendoza: *El llanero*. Se trata del reconocido escritor y poeta, uno de los más importantes costumbristas venezolanos de todos los tiempos. *El Llanero en la Capital* Publicado en 1846. Del Lanero se dice: «en contemplación perenne de aquella naturaleza en todo grandiosa. El monte gigante, con su altiva cumbre mirando al cielo, inspira ideas de dignificación si quien lo mira sabe ascender con él en espíritu; pero si acontece que el espectador es incapaz de alientos para los altos vuelos, lo que el monte altivo le habrá de inspirar será tan sólo la idea de la ajena superioridad y la de la inferioridad e impotencia propias. La llanura amplísima, por el contrario, con su nivel sin tropiezos, en donde sin ellos corren también los vientos, corren los caballos, corren los pensamientos, todos ellos indómitos, todos supremos, inspira al hombre la noción de una libertad arrogante, de una igualdad soberbia, cual es siempre soberbio el desierto, imagen del extenso nivelado que las revoluciones de ideas dejan a su paso. Ni montañas ni señores. Eso dice el llano a sus criaturas. Y quienes tales voces oyen, al aliento del sol, al arrullo de los vientos libres, al cantar de todas las cosas que hacen poesía en su derredor, tienen que ser.» (N. del e.)

un sentimiento anárquico de insubordinación ante todo principio de orden que coharte los impulsos individuales en la lucha social. No es hija de un legado ancestral como las otras características, sino producto del medio. Es el resultante de las dos líneas de fuerza que representan la escasa concepción moral del individuo frente a un medio desorientado y su evolución determina la anarquía.

La anarquía y el anti igualitarismo surgen en América paralelamente a la definición de nuestro carácter. Ya en el siglo XVIII, en el informe secreto emitido por los sabios españoles Jorge Juan y Antonio de Ulloa[4] se pone de manifiesto el desorden y la falta de sentido político que reina en todas las clases sociales de América. El indio, el zambo y el mulato se veían excluidos del comercio y para ellos estaba cerrada la Universidad de San Marcos[5] mientras el peninsular controlaba todo cuanto representaba poder, riqueza y sabiduría. Nacen de ahí la desunión, el desorden y el odio. La ley, hecha odiosa por los delegados del poder español, acaba por ser equivalente de injusticia. De allí provienen esa tendencia al desorden y esa rebeldía ante todo precepto legal, tan patentes en el temperamento americano. Cuando más tarde la guerra y la independencia arrojan al español del continente, esa rebeldía, ese espíritu anárquico, subsistirá como un valor psicológico constituyendo la arrogancia que Bunge señalará a su tiempo[6].

---

4   Jorge Juan y Antonio de Ulloa: *ob. cit.*

5   El 17 de julio de 1706 se hizo público por los pregoneros de Lima el bando que prohibía el comercio a los criollos y la entrada en la Iglesia Catedral a los negros, indios y mestizos.

6   Carlos O. Bunge: *Ob. Cit.*

La anarquía es, empero, un estado social transitorio y ese estado ha de buscar su nivel. La mentalidad americana no alcanza a concebir la noción de Estado, sino con el limitado espíritu de la tribu. No es, en realidad, un sentido individualista el que domina, sino la definida tendencia al Estado-átomo, es decir, a la patria provinciana limitada por la montaña conocida y el río cuyas márgenes son familiares. Y esto va a generar el caudillismo, la gran lacra social de América, que en forma más o menos primitiva dominará en la política, siendo unas veces causa de desórdenes, como en el México actual, dando pie a la tiranía como en la Venezuela de Gómez, creando el estado clerical del Ecuador o la *falsa democracia que constituye la vida política de Cuba*.

Un factor de índole geográfica viene a reforzar la tendencia espiritual hacia el *caudillismo*. Los estados americanos constituyen organizaciones sin sistema nervioso. Aun librándonos de la idea del *estado-organismo* que pasó con Malthus y la teoría darwiniana, ese factor geográfico es muy estimable y digno de formal estudio en la formación de un juicio sobre la estructura de los estados americanos. Es preciso sumar a este factor el etnográfico.

En las repúblicas americanas –hay las excepciones de Argentina, Chile, Uruguay y Cuba– se presenta un fenómeno curioso para el sociólogo: el estado sólo existe en potencia y como concepción de las minorías, pero sin estar dotado de las líneas características que lo definen. Gumplowicz[7] considera la *tribu* como un fenómeno natural y la *Nación*

---

7   Ludwig Gumplowicz (Cracovia, 9 de marzo de 1838 - Graz, 20 de agosto de 1909). Jurista, politólogo y sociólogo polaco. Dentro de la corriente darwinista social, se destaca la obra *La Lucha de razas*. Editorial La España Moderna, Sf. (N. del e.)

como una obra de cultura, un desarrollo histórico del hecho político que es el pueblo. Con esto destruye la errónea idea de que el coeficiente etnográfico basta a precisar las líneas de un estado, error que ha llevado recientemente a Bluntschli y a Mhol[8] a considerarlo como un resultante étnico. Todos, empero, estiman que entre los factores originales del estado es el idioma el principal. ¿Existe este factor en América? Pueblos como México, como Perú, como Paraguay y Ecuador, como Bolivia y Colombia en los que subsisten aun en su magnífica pureza los viejos dialectos indígenas, ¿pueden integrar estados tal como los concibe el Derecho Político en que se basan sus violadas constituciones?

Schaffe al sentar las bases del Estado Político considera la unidad de idioma entre los ciudadanos como indispensable. La lengua –dice– es la capitalización simbólica de todo el trabajo espiritual, el símbolo exterior del carácter espiritual de un pueblo. Mientras éste no exista, comenta el sociólogo austríaco, no puede haber un estado que cumpla su cometido social. Mhol, menos rígido y más apegado a la realidad –ya que existen estados en los que no hay unidad de lengua y grupos que hablando la misma lengua forman estados distintos– brinda una compensación, la unidad geográfica, la facilidad de intercambio espiritual, social y material que por las especiales condiciones físicas facilitan la unión entre los grupos que han de integrar la nación.

El primer resultado histórico del estado es la tendencia a precisar sus fronteras y a buscar la determinación de

---

8   Johann Kaspar Bluntschli fue un jurista que redactó el código para el cantón de *Zúrich, Privatrechtliches Gesetzbuch für den* de Zúrich (1854-1856), y que sirvió de modelo para otros códigos tanto en Suiza como en otros países.

sus límites en los accidentes geográficos. Así se organizó Europa y así están constituidos los estados asiáticos. Pero en América esa tendencia no fue producto del desarrollo social de la tribu en evolución (Mhol) o de las necesidades vitales (Gumplowicz). Unos estados se formaron aceptando las tradicionales fronteras que el azar brindó a los conquistadores y otros por dictados de las necesidades políticas circunstanciales, como el Alto Perú, al convertirse en Bolivia separándose del Perú y Ecuador, seccionada de Colombia. Son así las repúblicas americanas estados artificiales que no pueden llenar su cometido, tanto en el orden espiritual como en el material.

Los estados americanos, particularmente los intertropicales, son productos de la organización *coercitiva* con que Ratzenhofer explica el origen del Estado por la violencia y el conflicto de los intereses hostiles, teoría eliminada del campo de la sociología, a partir de las refutaciones de Novicow[9]. El Estado, que es naturalmente un hecho de organización, resulta en América un hecho de desorganización que si concuerda con la tesis de Ratzenhofer sirve a la vez para rebatirla.

El factor geográfico es un hecho fatal que contribuye a la desorganización política americana, factor que no se tuvo en cuenta entre los valores prácticos que debieron limitar el espíritu romántico e idealista de las Asambleas Constituyentes. Los núcleos de población de cuya fusión

---

9   Jacques Novicow, 29 de septiembre de 1849, Constantinopla y murió el 21 de mayo de 1912. Sociólogo ruso afrancesado. *El futuro de la raza blanca, la crítica de pesimismo contemporáneo* (1897) *La teoría orgánica de la sociedad* (1899) *Los críticos del darwinismo social* (1910). (N. del e.)

ha de surgir el organismo superior, están diseminados en extensiones enormes, separados por intrincados montes, por altas montañas y caudalosos ríos. El municipio, institución que Posada considera como la organización que subsana dentro del estado la imposibilidad del gobierno democrático directo, resulta impracticable[10]. La distancia, las difíciles comunicaciones crearon en América la necesidad de una autonomía provincial que permitiera actuar sin consulta previa al gobierno central cuyo control se perdía a través de los largos caminos y esto dio a los jefes municipales una fuerza y un poder de acción incompatibles con el sometimiento al gobierno central, derivando en el *caciquismo* y en la atomización de las fuerzas integrantes del Estado.

Las tiranías de cuartel son, pues, producto normal del bajo coeficiente de población. La organización militar resulta en el medio el único poder organizado, regido por una disciplina ajena a las influencias del coeficiente, ya que los núcleos militares se agrupan de acuerdo con las necesidades del tirano, es decir, allí en donde hace falta la fuerza[11]. A más de esto, los elementos sociológicos dependen tanto de las cantidades relativas como de las absolutas. Aceptando que el uno por ciento de los habitantes tomen las armas para defender al tirano, es más fácil mantener el régimen

---

10   En una superficie de un millón y medio de kilómetros cuadrados tiene Bolivia tres millones de habitantes. Su historia política es amplia confirmación de esta verdad social.

11   Ecuador –país de continuas dictaduras– tiene 6.6 habitantes por kilómetro cuadrado. En esta población sin fuerza de cohesión social, solo el ejército ha podido presentar núcleos de consistencia ya que la organización militar es ajena al coeficiente de la población. Inglaterra, al contrario, tiene 145 habitantes por kilómetro cuadrado, haciendo así que la relación sea a la inversa.

impopular con diez mil soldados en un país de un millón (Paraguay) que impone una tiranía con noventa mil hombres a un país con nueve millones de habitantes (Argentina). Sin embargo, la proporción no se ha alterado.

El *estado-panal*, organización biológica que Uexkull descubre en las organizaciones normales de los estados europeos es, geográficamente, inaplicable en America[12]. Los núcleos integrantes se desenvuelven sin unidad, autónomos, unidos por la lejana relación forzada de los impuestos y de las contribuciones. No hay el encausamiento de fuerzas y de necesidades que permiten la centralización del gobierno que, a su vez, debe repartir ventajas y responsabilidades equitativamente.

La dependencia económica no lleva la correlación de la dependencia política y las deficiencias geográficas abonan y preparan el campo en donde los elementos biológicos del desorden prosperan y se desarrollan para imponer el caudillismo.

Un estado que carece de consistencia llena su función política y social. Una vez demostrada la inconsistencia el *estado geográfico*, se ha probado la inconsciencia del *estado-nación*. De ahí el espíritu anárquico que domina la política americana. Mientras en Europa el estado ha evolucionado hacia la descentralización, que denuncia Duguit, con la crisis del estado, en su forma romana, se inicia la disminución de las atribuciones gubernamentales en América, el gobierno restablece –cuando logra vencer la anarquía y

---

12   Jacob Von Uexhull: *Cartas biológicas*. (Jakob Von Uexkull: *Cartas biológicas a una dama*. Posiblemente publicado en español en el 1929. Un libro que para la inteligencia filosófica contemporánea es precursor de la desconstrucción de la metafísica universal. (N. del e.)

fragmentariamente dentro de ella– el *estado-fuerza* que encarna en el dictador. Así, el poder público que debiera ser un simple hecho, se convierte por automatismo en un derecho de fuerza.

Esta reducción al espíritu jurídico de las constituciones es el correctivo del estado como fuerza al error político que pretendió saltar estados de evolución, momentos biológicos en el proceso evolutivo de su vida. Con esto resulta que dentro de las nominaciones democráticas la doctrina de la soberanía personal no es aplicable en su sentido de limitación de la acción del estado. El acto jurídico, emanando del dictador –ya sea el Presidente, ya de éste de acuerdo con las Cámaras– no crea un efecto de derecho, sino de fuerza, monopolizada en todos los momentos por el gobierno y libre en su acción cuando este no emana ni se sostiene de la voluntad popular.

Pero el poder público que es de hecho responsable en estos casos, poniéndose por sobre la ley que no lo limita, provoca caracteres activos en la sanción pública. Es la revolución, el golpe de estado, la asonada, las conspiraciones que tienen una justificación social y política en su primera parte, pero que crean nuevos estados *ajuridicos* de donde se deriva el circulo vicioso histórico en que se desenvuelven muchas repúblicas americanas desde su fundación. Sintéticamente ese círculo ha sido expresado hace tiempo: «América hace revoluciones contra los tiranos, no contra la Tiranía». Fuera de esta verdad están Argentina y Uruguay.

VIII
Evolucionismo americano: el medio, la tribu y el dictador

E l Estado es un resultado social que se obtiene con la evolución. La *tribu* en marcha le va dando forma a través de las generaciones, después las necesidades económicas van facilitándole cohesión y el principio de conservación termina por buscar las fronteras naturales, más tarde históricas, dentro de las cuales el Estado ha de desarrollarse hasta que su potencialidad se convierta en fuerza expansiva y tienda a buscar nuevas extensiones.

El individuo desarrolla su concepción política, su moral pública y su carácter social paralelamente a esta evolución. Lentamente se va forjando el ciudadano. Esa ha sido la evolución europea y asiática. La revolución no puede, pues, crear el Estado o el ciudadano. Crea conceptos y organizaciones artificiales, hijas de las necesidades o ambiciones de la minoría en el momento histórico que aprovecha la revolución. Pero, así como el laboratorio no puede adelantar el proceso biológico de un organismo, no puede la revolución sustituir a la evolución social y crear estados sociológicos nuevos que estén dotados de perdurabilidad. Son falsas organizaciones que se quebrarán al primer golpe, construcciones artificiales carentes de cimiento histórico que le den solidez.

Estados organizados sobre la base inestable de fronteras marcadas por el azar o por el cansancio de los colonizadores, formados otras veces por votación en las asambleas revolucionarias, integrados por grupos aislados que forman verdaderas tribus, llamados a regir la vida de hombres cuyo estado evolutivo está todavía en la iniciación, las repúblicas de América no podían ser –como quiso el liberalismo intelectual– campos en que se depuraran los principios de la democracia.

Ni aún como medio experimental de un principio *ideológico-político* correspondían nuestras primitivas organizaciones republicanas al medio concebido por Rousseau. Las poblaciones, formadas es su totalidad por analfabetos, hombres en los que la libertad se reducía a burlar la ley o simplemente, a no cumplirla, estaban lejos del *polis* aristotélico. Para los gobiernos democráticos faltaba la base, el *demos* de los griegos, consciente, preparado, capaz de juicio sobre las necesidades nacionales y la actuación administrativa, poseedor de criterio político impersonal y de principios trascendentes.

La tendencia a la tribu es en América una tendencia étnica apoyada en el imperativo geográfico. En el interior del Perú, del Ecuador, de Bolivia, de México, al fondo de Venezuela, de Colombia, del Brasil y Paraguay, se han formado agrupaciones salvajes o bárbaras con los indígenas huidos de la costa, integrando todavía algunos de esos grupos verdaderos clanes insometibles hasta los que no llega la influencia del gobierno y que forman pueblos autónomos dentro del estado que en ningún sentido lo domina[1]. Los legendarios

---

1   Bolivia cuenta con 250.000 indios sin civilizar. Perú 350. 000, Brasil 600.000, Paraguay 200.000.

quilombos brasileños, formados por negros escapados a la esclavitud, eran en el Imperio verdaderas tribus cuyo crecimiento y organización obedecía a leyes naturales en el desarrollo de la sociedad, como aquel quilombo de los Palmares de Alagoas, que llegó a constituir un *estado negro* por más de medio siglo y cuyo nombre –repitiendo la afirmación de un ilustre sociólogo brasileño– bastaba para infundir miedo a los más audaces[2].

Contra esta tendencia no existe más que un medio coercitivo, que es el gobierno unipersonal del dictador. Solo el dominio de un hombre por la sugestión o el terror puede dotar de relativa unidad a estos grupos históricamente desorganizados y biológicamente anárquicos, anulando en ellos todo principio de libre determinación y toda facultad de discusión. El fenómeno político del Paraguay bajo Francia, más aún que el de Rosas en Argentina, consagra esta tesis.

El dictador Rodríguez de Francia, con su régimen de terror no igualado en la historia moderna, lisió al Paraguay de las luchas políticas que por varios lustros perturbaron la Banda Oriental del Virreinato de Buenos Aires. Convirtiólo con su jesuitismo, en un país que como él fue monacal, triste y probo. Durante treinta años, hasta marzo de 1844, el gobierno fue anónimo. Reinó así el orden y la riqueza nacional aumentó progresivamente. Sólo después de muerto el dictador se dotó a la nación de una Constitución, que pronto dejó a un lado Carlos Antonio López[3]. Para volver

---

2   M. Olivera Lima: *Formación de la nacionalidad brasileña*. Editorial América, Madrid, 1918.

3   Perseguido por Francia, López había vivido varios años internado en el Paraguay, aislado de la civilización, cultivando el primitivismo de que él y su hijo hicieron alarde años después.

al antiguo despotismo, que se prolongó en su hijo el Mariscal Solano López hasta la guerra con el Brasil, guerra que, al iniciar la era del constitucionalismo, dio libertad a la anarquía política con un total desquiciamiento de los principios republicanos.

El régimen despótico de Francia tuvo la virtud de ponerse acorde con las necesidades políticas del momento. Aisló al Paraguay de las corrientes de ideología política cuya mala interpretación e imposible aplicación en el momento y en el medio, perturbó por varios lustros el resto de los estados americanos. Lo hizo, ciertamente, una prolongación de su temperamento histérico y místico, pero mantuvo el orden, desenvolvió la instrucción, organizó, en fin, la dictadura dentro de un régimen que adquirió su fuerza en ser el producto de una tendencia social, la consecuencia de una ley de gravedad política, régimen antidemocrático, provinciano y despótico. De este modo, cuando treinta y cuatro años después, el Paraguay se independiza de Buenos Aires y consagra su constitución pseudorepublicana, López puede proseguir en la obra organizadora de cultura, librando a su patria de las guerras provinciales que, con la lucha de los caudillos, retardó por un largo período la organización argentina.

El concepto limitado de la patria provinciana y la impreparación colectiva, crearon, como explica Ayarragaray[4], los pequeños núcleos provinciales, que dieron pie a la era de los caudillos. Mas, lo que ve el escritor argentino solo como un fatal dictado biológico, hijo de la herencia, provocado por

---

4 Lucas Ayarragaray: *La anarquía argentina y el caudillismo*. Ediciones Félix Lajouane, 1904.

las circunstancias antidemocráticas del pasado americano, es algo que tiene una mayor trascendencia para el porvenir, porque representa el cumplimiento de una ley de equilibrio.

La vuelta al caudillismo, la atomización de los estados americanos, la no cristalización de la Democracia, es una corrección de la naturaleza social al error de psicología política de las *Asambleas Deliberantes*. Más larde, llenando las leyes evolutivas de la sociedad, el caudillismo irá disminuyendo, esfumándose y entrará en decadencia, pero sólo cuando cambien las circunstancias políticas y lleguen las tribus al estado de desarrollo que inicia la formación del Estado.

El caudillismo es una imposición geográfica además de una inclinación política heredada. No pudiendo el poder central mantenerse en continua conexión con los núcleos alejados del centro gubernativo, dominados las agrupaciones por una espiritual fuerza centrífuga, los delegados del Ejecutivo pronto se vieron en la necesidad de desenvolver sus iniciativas personales y de imponer sus órdenes contando sólo con sus fuerzas.

Un poco de fortuna y de audacia, una ética que resumiera los defectos del grupo, con algo de leyenda en su historia, bastaban para crear un cacique. Una campaña afortunada, el sometimiento de los vecinos poblados, era suficiente para darle un poder que muy pronto opondría al jefe vecino. Dueño ya de la región, bárbaro y audaz, la ambición aumenta y el caudillo que ya se titula *general,* se acerca a la capital. La horda, que un día salió del poblado en son de conquista, es ya *ejército,* cuyo jefe aspira a la Presidencia[5].

---

5   «Bárbaros, vencieron por la barbarie en escenarios bárbaros. Surgían

Su fuerza militar la impone en la vida política, se le respeta y se le teme. Como el voto es un arma de doble filo para él, va a cubrir de bayonetas la urna electoral.

Hay ya dos, tres, cuatro o cinco generales que aspiran a la Presidencia. Llegado el momento oportuno, seguidos de sus hombres semidesnudos, tendida la carrera del corcel de guerra, se lanzarán en mortífera competencia hacia la meta del Capitolio. Quien llegue primero, será el jefe absoluto del *Poder Ejecutivo*, organizará su dictadura y más tarde la tiranía.

La tiranía es el germen destructor que lleva en sí mismo el caudillismo. Vencedor, dueño del poder, el General, por un movimiento de propia defensa, ahogará a los caudillos inferiores que antes le discutieron el poder. El Jefe tan pronto se sienta aislado y fuerte, se desligará de antiguos pactos y tratará de eliminar al *divisionario*.

La dictadura, aun cuando a veces se convierta en bárbara tiranía, va a ser en determinados momentos, un mal necesario. Ella dará a los *estados-conceptos* una organización fundamental que, aunque inspirada y regida por la fuerza, podrá ser punto de partida de la evolución hacia un organismo político normal. La fuerza que rige el proceso histórico de los pueblos, habrá de aprovechar esos elementos de desequilibrio para adelantar con la revolución el proceso evolutivo que, más tarde, con nuevos factores como las corrientes emigratorias (Argentina y Uruguay) o la proximidad

---

de la nada. Fueron afirmaciones de arrojo, de astucia, de fuerza. Ayer ladrones de caballos, tal vez contrabandista, peones de estancia o vaqueros. Después, capitanes de grupos al mando de alguien o al servicio de alguna causa. Por fin hombres temidos, obedecidos, cuyo solo nombre bastaba para levantar legiones...» Lindolfo Collor: *No centenario de Solano López*. San Paulo, 1926.

a pueblos de superior cultura política (Cuba) marcarán a los estados las rutas de la organización eficiente y normal. Pero el caudillismo, vicio racial y carácter psicobiológico, persistirá siempre. Aún en aquellos pueblos organizados en el sentido político, que han pasado el ciclo de las revoluciones y eliminado el caudillismo activo como factor electoral, se puede descubrir, en distintas manifestaciones de su psicología, política, la influencia trascendente deja primera etapa. El *caudillismo* –en forma de política personalista y de adhesión al hombre más que a la idea que representa– deja todavía sentir su fuerza determinante en gobernados y gobernantes y el espíritu dictatorial, hijo de la tradición política, ejerce siempre su influencia social en los momentos de crisis espiritual o de vacilación parlamentaria[6].

Un soplo despótico ha barrido las libertades todas. ¿Qué queda del sueño de los libertadores? Cierto que el parlamentarismo está en crisis en Europa, pero el fracaso político americano no guarda con ello relación alguna. En su último libro ha señalado Gustavo Le Bon una corriente social de carácter general, hacia el despotismo[7], pero ello obedece a circunstancias momentáneas, a crisis políticas que hacen esperar una época, nueva de resurgimiento,

---

6   Las elecciones fraudulentas de Menocal en Cuba (1916) que despojó del triunfo al Partido Liberal, triunfo que el propio Presidente reconoció total en los primeros momentos del escrutinio, es un doloroso ejemplo de esto. El caso con más grave consecuencia, se ha repetido en Bolivia con Saavedra (1921 y 25), en Paraguay con Eusebio Ayala (1924), en Perú con Leguía (1924), en Nicaragua con Adolfo Díaz (1926) y en Ecuador con Ayora (1925).

7   Gustavo Le Bon: *Psicología de los tiempos nuevos*. Editorial Aguilar, 1901.

en que el mundo se despida de las democracias absolutas de que nunca *gozó* con amplitud.

Europa dirá adiós a la Democracia, pero América no la ha experimentado. Allí en donde el Estado ha dejado de ser un concepto intelectual y ha tenido una realización práctica en la vida política, prejuicios raciales, de casta, diferencias de origen han carcomido la *Igualdad* y socavado la *Fraternidad*.

Jamás han existido partidos políticos. En la alternativa gubernamental de *liberales* y *conservadores*, las ideas han permanecido estáticas, inmóviles, exactas, iguales a sí mismas. En nombre del *Liberalismo*, llega en Colombia, Reyes al poder. Clamando contra la tiranía *porfirista* se instala en el castillo de Chapultepec Victoriano Huerta. Durante un régimen conservador, Cuba vota la Ley del Divorcio. Amparado en la amarilla bandera del conservatismo, Guzmán Blanco abre por fuerza los conventos, somete el clero, inicia el progreso material que han de desorganizar más tarde los liberales de Rojas Paul. No existen en los partidos plataformas. Es una política de simpatías eufónicas. Las masas, dotadas de un espíritu esencialmente conservador, biológicamente tradicionalista como toda multitud, se acogen al liberalismo, a la democracia, a todo lo que suene bellamente, aunque en la práctica sólo sea eso, un sonido.

Si hay –acaso que dista mucho de ser general– libertad comicial se votan no plataformas, sino hombres. El atávico caudillismo da al representante de la idea, más fuerza que a la idea misma. No hay partidos sino partidas que siguen a un hombre. Como el poder desacredita igual que toda esperanza cumplida, de ahí la oposición. El caso de que el partido fie oposición constituya mayoría parlamentaria no es anormal en nuestras repúblicas, y Cuba lo ha padecido durante el período del doctor Zayas (1921-1925).

El partido político que se considera característico del régimen constitucional, no ha existido en América y aun cuando se han formado partidos organizados (Argentina y Uruguay) sólo ha sido en su forma rígida –partidos históricos– es decir, en su forma política inferior. Carecen y han carecido siempre de forma de *hacer político*[8] los grupos que con el nombre de partidos han intervenido en la vida política de las repúblicas intertropicales, porque difícilmente en estados de primitiva conciencia colectiva pueden generarse agrupaciones que sean condensaciones específicas del sentir social en el estado.

Con su estructura oligárquica los partidos americanos han sido agrupaciones en tomo a hombres representativos de una ambición o de un empeño. Ello no significa, empero, el triunfo de la tesis de Ostregorski[9] sobre la posibilidad de regímenes representativos sin partidos permanentes, ya que a las agrupaciones políticas de que tratamos, le faltan las cualidades para ser «instrumentos de lucha, de fiscalización y hasta de Gobierno». Del espíritu de partido, América sólo ha tomado los defectos, es decir, la rigidez de sistemática.

8   Adolfo Posada: *Tratado de Derecho político*. Librería de Victoriano Suarez, Madrid, 1893.

9   Adolfo Posada: *Ob Cit.*

IX

La inconstitucionalidad en América

El siglo XIX es el siglo crítico de América. El continente es un tembloroso campo en el que nada arraiga. Como una hija que heredara una lesión nerviosa, la Democracia que nace de la revolución, vive entre espasmos y reacciones, crisis agotadoras y vanos esfuerzos de arraigo. El legado de la Revolución, el militarismo, rige la actividad política y no hay, hasta mediar el siglo, gobiernos civiles[1]. A partir de ese momento, la civilización tiende al militarismo, buscando la línea de menor resistencia, porque no adquiere fuerza el caudillo sin entorchados.

La revolución engendró la dictadura militar y ésta, a su turno, la civil. La tiranía es el paliativo crónico al desorden. Ningún continente padeció en un siglo desfile igual de tiranos. Se puede asegurar que, durante toda la pasada centuria, América no vio presidente verdaderamente constitucional, ni aún Sarmiento. En ningún momento ha existido respeto al derecho ciudadano. La libertad del pensamiento ha sido coaccionada de continuo; los comicios burlados, robados por la fuerza o por capciosas interpretaciones de los códigos

---

1   En medio siglo, a raíz de su independencia, Bolívar tuvo siento setenta movimientos armados. Alcides Arguedas: «Bolívar: balance de un siglo». En *Nosotros*, Buenos Aires, 1926.

electorales. Sólo Argentina, Uruguay y Colombia, se libran a fines del siglo, de las perturbaciones políticas armadas[2]. Se han conocido todas las escalas de la tiranía desde Rosas a Juan Vicente Gómez. Hay en la escala el *gendarme necesario* –Francia, Rosas y Balmaseda– y el simple aventurero dueño del poder por complicidades de la fortuna –Melgarejo y Ulises Houreaux– Aún gobernantes honestos como Crespo y románticos constructores como Morazan han gobernado sin parlamentos, en los que sólo el partidarismo de limitado sentido tiene asiento.

Es pavorosa la lista inacabable de los tiranos y los dictadores. Flores, Novoa, Garcia Moreno, Veintemilla, Lavalleja, Santa Cruz, Cema, Ramón Castilla, Belzú, Rufino Barrios, Portales, Rafael Núñez, Holguín, Arce, Marroquin, Reyes, Andueza Palacios, Guzmán Blanco, Castro, Rafael Carreras, Santa Ana, Morales, Porfirio Díaz, Hercaux, Melgarejo, Mello, Tinoco, Estrada Cabrera, Ezeta, Zelaya, Rojas, Francia, Solano López, Huerta, han entrado, unos en la historia y en la cronología los más.

El caciquismo y la dictadura, fuerzas generadoras de la tiranía, no pueden ser exóticos sistemas en las convulsas repúblicas del Trópico. Lo exótico es el régimen constitu-

---

2   Sin embargo, Argentina y Uruguay están bien lejos de las democracias absolutas. La política es oligárquica, de clases, dividida por prejuicios de casta. Aceptable como transacción entre la idea y su realización, llegan a la máxima posibilidad de un sistema político impracticable. El espíritu revolucionario, antiburgués, de la juventud argentina, ha inyectado en la política elementos nuevos con matices rojos que fuerzan una lucha movida y seria de ideologías, pasos de avance político muy estimable. Chile, en tanto, mantiene la oligarquía de los tiempos de Balmaceda, oligarquía, antidemocrática que lanza del poder al liberal Alessandri y abre el camino a la dictadura militar de Ibáñez.

cional en pueblos incapacitados política y geográficamente para practicarlo[3].

El resultante étnico de las razas fundida, en el crisol de América es el pueblo inarmónico, de una nueva psicología colectiva, de capacidades desconocidas y en el que los elementos inhibitivos en la vida social han de ser diversos y distintos a los de las razas fundamentales. Ni mejor ni peor, quizá, a los grupos que concurrieron a formar el mestizaje, éste es espiritualmente distinto a ellos y reacciona emotiva y políticamente, de acuerdo con su espíritu nuevo.

El resultante social del mestizaje no es el que pretende descubrir la tesis idealista, un poco místico, de José Vasconcelos. Experimentalmente es realizable la comprobación de que las razas impuras tienden más que a la perfección espiritual a la imperfección. *La raza cósmica*[4] como posibilidad trascendente de solución a las problemas políticos y morales de la civilización americana, es una teoría anti biológica frente a los postulados de la *filogenia social*.

El mestizaje ha degenerado en América, como apuntábamos anteriormente, en una psicología sin líneas de precisión

---

3   «La historia de la República en el Perú es la historia de un contraste entre la ley que consigna teorías magníficat y la realidad indígena, indócil para someterse a sus preceptos. En ese perpetuo contracte hemos vivido, imaginando ser gobernados por principios cuando en realidad lo éramos por pasiones. La verdadera ley y el verdadero gobierno fueron siempre, en el Perú, la ley y el gobierno impuestos por un hombre a quien, unas veces la casualidad y otras el voto popular, elevaron a las cumbres del Poder.» Augusto B. Leguia: *Presidente constitucional del Perú*. Leguia convoco en 1920 a la aprobación de *La Constitución para la República del Perú*.

4   José Vasconcelos: *La Raza Cósmica. Misión de la raza en iberoamericana*. Agencia Mundial de Librería, Madrid, 1925.

y valores discontinuos. Aunque Steinthal[5] ha señalado que el desarrollo psíquico de cada raza es evolutivo y sus características varían tanto como cambian las condiciones de adaptado en el espacio y en el tiempo, ello no implica qué razas distintas puedan derivar en una común, sino que paralelamente evolucionaran según *La ley biogenética fundamental*, manteniendo sus caracteres[6]. La refundición no resuelve, complica.

Levy-Bruhl ha señalado sabiamente las dificultades de la heterogeneidad de los grupos sociales que se desenvuelven luchando en un medio común[7]. Representan necesidades diversas y antagónicas. Es el caso de América.

Tres razas, con caracteres definidos, puras las tres, han venido, durante cuatro siglos, mezclándose para procrear al hombre americano. No se ha llegado al tipo cósmico que hubiera debido representar una civilización cósmica con su arte, su filosofía y su política. El mestizaje ha constituido un elemento de desorganización con su compleja psicología,

---

5   Se trata de Heymann Steinthal (Gröbzig, 16 de mayo de 1823 – Berlino, 14 marzo 1899). Filólogo y filósofo alemán. (Lamar se refiere al libro: *Einleitung in Die Psychologie Und Sprachwissenschaft* /Introducción a la Psicología y Lingüística. N. del e.)

6   La *Ley biológica fundamental* de Haeckel, conocida también por principio de Meller, aunque no admitida en todo su rigor por la biología post darwinista, se acepta como aproximada después de las correcciones de Oscar Hertwing (21 de abril de 1849, Friedberg, Hesse - 25 de octubre de 1922, Berlín). Zoólogo alemán. Discípulo de Ernst Haeckel, escribió una refutación del darwinismo: *El origen de los organismos - una refutación de la teoría darwinista del azar*, 1916. (N. del e.)

7   Levy-Bruhl: *Las funciones mentales en las sociedades inferiores*. 1919. (Lucien Lévy-Bruhl, París, 10 de abril de 1857 - 13 de marzo de 1939). Sociólogo y antropólogo francés. Discípulo de Émile Durkheim, parte de la idea que la *moral* es una ciencia de los hábitos, en comportamientos que, en un determinado contexto social, aparecen como objetivas y necesarias, como si fuesen leyes naturales.

creadora de grupos inadaptables a un régimen común. Llenando una ley de correlación, el complejo biológico ha originado, sincrónicamente, el complejo psicológico. Así, a los grupos sociales determinados por ese fenómeno se han pretendido adaptar sistemas políticos formulados hipotéticamente para estados de otras características espirituales, creándose con ello un desequilibrio.

Sólo en aquellos estados en los que el europeo ha predominado socialmente, se ha obtenido una posibilidad de gobierno democrático, amparada por el predominio del blanco: Uruguay, Argentina, Chile y Cuba.

Agobiada, aplastada bajo el peso invencible de la heterogeneidad espiritual, desorientada por la diversidad de capacidades, la Democracia, exótica al ser implantada, no ha podido reaccionar sobre el medio americano. Sistema que tuvo la posibilidad griega dentro de la cultura helénica, trasplantada por Rousseau al medio europeo, a la democracia americana le ha faltado el pueblo capaz de comprenderla, aprovecharla y mantenerla.

Pueblo analfabeto, no puede ser democrático, y América, salvo las excepciones antes apuntadas, no ha resuelto, como Europa, el problema fundamental de la educación popular. Mientras la democracia modelo de Inglaterra ha reducido, casi hasta la extinción, el analfabetismo en el cuerpo electoral, Cuba presenta, en las estadísticas, un 52 por ciento de analfabetos. Uruguay, un 41 por ciento, Chile igual que Cuba, Argentina un 30 por ciento, Colombia un 73 por ciento y Bolivia un 80 por ciento.

En los momentos de más aguda crisis educacional, para reafirmar el paralelismo entre la ilustración y la posibilidad democrática, surgen las tiranías. Cuando llega al poder el sombrío tirano de Guatemala, Estrada Cabrera, hay en la república un 92 por dentó de analfabetos. El 82 por ciento de los mexicanos eran analfabetos, cuando Díaz gana el poder. Castilla, el dictador de mano recia, encuentra en el Perú un 86 por ciento de ciudadanos que no saben leer. El 83 por ciento de los paraguayos no han pasado por la escuela primaria, cuando cae Solano López.

La posibilidad futura no es más halagüeña que la de hoy. La próxima generación no promete ser más capacitada que la actual y que las anteriores, para administrar las fuerzas cívicas del ciudadano. El problema del gobierno organizado y la educación popular son un círculo vicioso del que sólo puede sacar a los pueblos de América un factor imprevisto todavía[8]. Sólo aquellas naciones que tienen en las escuelas el trece por ciento de sus habitantes, se consideran hoy capaces de resolver el problema de la preparación cívica. En la América latina sólo lo ha conseguido la admirable organización argentina. El Uruguay tiene el 9 por ciento, Chile el 10, Cuba el 9. Son los países considerados como de *alta civilización* por Huntinton[9], y en los cuales la vida política se desenvuelve

---

8   La sabia tesis de Alberdi, el político de más aguda visión que ha tenido América, «gobernar es poblar», no es, como se ha visto, una solución absoluta, aunque si capaz de modificar en mucho nuestros organismos sociales. Ejemplos: Argentina y Uruguay y el Estado Sao Paulo, en el Brasil.
Se trata de Juan Bautista Alberdi (San Miguel de Tucumán, 29 de agosto de 1810 - Neuilly-sur-Seine, Francia, 19 de junio de 1884). Abogado, jurista, economista, político, estadista, diplomático, diputado, escritor y músico argentino, autor intelectual de la *Constitución Argentina* de 1853. La frase «Gobernar es poblar» es leída en su libro capital *Bases y Puntos de Partida para la Organización Política de la República Argentina* de 1826. (N. del e.)

9   Huntintun: *Mapas de civilización.* (No hemos encontrado al autor citado por el autor, pero la referencia a l desarrollo de una alta

normalmente apoyada en factores de emigración europea que mantienen la preponderancia blanca.

¿Qué esperar de las otras? Colombia sólo tiene en las escuelas el cinco por ciento de su población, Bolivia, el tres por ciento, igual que Brasil y Ecuador y que el Perú. La más baja instrucción la tiene Venezuela, que cuenta sólo con el dos por ciento, caso único en el mundo occidental, incluyendo las colonias africanas. Los Estados Unidos en tanto, presentan un veintidós por ciento.

La primera manifestación de esta incapacidad es la prensa. El caudillismo, la política localista sin miras a la Nación, la falta de criterio cívico son productos emanados de la limitada civilización. En el poder se suceden, mediante elecciones fraudulentas o revoluciones perturbadoras, grupos de hombres sin programa y sin propósitos firmes. La política pequeña y provincial se hace a base de compadrazgos o de forzada obediencia, jamás reforzada por la exposición de un programa que los ciudadanos están lejos de solicitar por ignorancia.

Las repúblicas intertropicales viven aisladas de las corrientes contemporáneas, preocupadas por el espíritu localista, desviada la exactitud de sus juicios por prejuicios de casta, de fronteras o de tradición. Las sucesivas tiranías han limitado la prensa, amor danzado la opinión y autorizado sólo la existencia de diarios oficiosos, en los que el pueblo no cree y de cuyos consejos y direcciones desconfía. Durante Francia, no se editaron periódicos en Paraguay. No

---

civilización con una preponderancia población blanca la encontramos referida en 1821 en el libro Tratado *histórico y filosófico completo sobre la generación, el hombre y la mujer* de julie Joseph Virey. N. del e.)

hubo oposición en Venezuela, ni ha existido en Ecuador, a partir de Flores[10].

La Argentina cuenta con un periódico por cada 24.000 habitantes; Chile, uno por cada 15.000 habitantes; Uruguay, uno por cada 9.000 ciudadanos. Cuba mantiene una publicación periódica por cada 30.000 habitantes. Son las más altas proporciones en América. Ello demuestra que la actividad comicial tiende hacia la nacionalización de la política, en oposición al espíritu de la provincia que mantiene el dominio del cacicazgo. La red nerviosa que representa la prensa periódica unifica aspiraciones y selecciona elementos, mantiene las actividades espirituales en contacto con los problemas del medio, unificando, en resumen, el espíritu político. A medida que las fuerzas espirituales de la democracia se unen y determinan, el parlamentarismo arraiga y adquiere caracteres propios. El bloque de la expresión de la voluntad popular se opone a la tiranta, aunque sea sólo por un gesto de propia defensa y de afán de subsistir. Si no existe la depurada democracia, sálvense al menos sus manifestaciones más directas y se

---

10   La sindicalización de la noticia hecha por las grandes agencias informativas, ha sido una contribución perjudicial. Controlada la noticia exterior por agencias que son compañías por acciones y anulado el antiguo corresponsal directo, los periódicos, convertidos en industrias, permanecen en tanto en tu información interior como exterior. Desligado en grandes intereses, son pues de fácil control, ya que pueden depender en ciertos momentos de jugadas de bolas.
De esto se han valido los gobiernos más arbitrarios para justificar en el extranjero sus inmoralidades, creando al propio tiempo un sistema legal de censura, mediante subvenciones directas o concesiones a compañías industriales y agrícolas de empresas ligadas a la Agencia informativa.

llega a rozar los límites de la posibilidad máxima dentro del inconquistable intento rusoniano[11].

La proporción de publicaciones periódicas con el número de ciudadanos, guarda, pues, una relación de capacidad. En Inglaterra se cuenta una publicación por cada dos mil quinientos habitantes. Es la máxima capacidad parlamentaria. La estadística americana es desoladora. El parlamentarismo gubernamental del Perú, mantiene un periódico por cada cincuenta mil quinientos habitantes; la desorganización del Paraguay, uno por cada cuarenta y tres mil, y la espantosa proporción de una publicación periódica por cada cincuenta y cuatro mil habitantes, corresponde a Venezuela.

La vida política en las fracasadas democracias carentes del poderoso elemento de equilibrio que es el *cuarto poder*, se desarrolla bajo el peso de un pesimismo indiferente. Fracasado el primer intento, relajado el sentido político de las masas, conculcado el derecho ciudadano, limitada la aspiración personal cuyo triunfo se confía a la fortuna más que al esfuerzo orientado hacia un fin, América sufre en su espíritu colectivo el influjo biológico de su organización.

Cuando la escuela *pragmática* de Duguit y Hauriou[12] decreta científicamente la crisis del parlamentarismo, ya América lo ha experimentado, sin protesta, aceptando la imposibilidad histórica. Mucho antes de que los ministros-dictadores de Europa, siguiendo a Benito Mussolini,

---

11 Debe ser *rousseauniano*.

12 Pierre Marie Nicolás León Duguit (Libourne, Francia, 1859-1928 Burdeos, Francia) fue un jurista francés especializado en Derecho público. Maurice Hauriou (Ladiville, Charente, 17 de agosto de 1856 – Toulouse, Alto Garona, 12 de marzo de 1929) fue un jurista y sociólogo francés. (N. del e.)

estimaran que «la democracia es un lugar común que desdeñan ya los pueblos sedientos de realidad», treinta tiranos exornan la historia política de nuestro continente. Antes de que Jorge Valois proclamara que «el hombre del porvenir no es el de cien cabezas, sino el jefe, el cerebro y la voluntad»[13] ya Laureano Vallenilla Lanz ha lanzado en Caracas la teoría absolutista, arrancada a hechos circunstanciales y generalizada por su interpretación positiva de la Historia, del *Cesarismo democrático*.

El siglo xix, con la extinción del espíritu jacobino, representa para Europa un siglo de transacciones políticas y de tolerancias ideológicas. La democracia se ensaya metódicamente en un intento de equilibrar el realismo político con el romanticismo filosófico. Hasta la convulsión, factor inesperado, de la Gran Guerra, el Derecho Político romántico pasa por los períodos de crítica y prueba anotados por Saint Simón. La democracia es el natural remate a la cultura europea, remate que trata, a la vez, de ser principio a la cultura americana, que inútilmente lucha cien años por constituirse y levantarse sobre esa base artificial, inaplicable dentro de un alma de cultura cuyo centro de gravedad radica en valores propios, opuestos muchos de ellos a los de la cultura europea.

---

13   Jorge Vaiois: *Filosofía de la autoridad*. (Se trata de Albert-Georges Gressent, más conocido por Georges Valois: París, 7 de octubre de 1878 – Bergen-Belsen, 18 de febrero de 1945. Publicó en 1906, *L'Homme qui vient, philosophie de l'autorité*. Fue una de las obras que más influyó en Lamar, por el tono y estilo nietzscheano de lo débiles contra los poderosos. N. del e.)

X
Biología de la cultura: política, religión, arte y literatura

El problema de las culturas y de sus consecuencias –Derecho, Religión, Arte– es un problema biológico. La *cultura* es la manifestación intelectual que tiene el conglomerado humano del momento evolutivo que vive. Así, juzgada en sus manifestaciones sentimentales e intelectuales, comparada con las precedentes, puede determinarse cuándo una nueva cultura se inicia y hasta dónde las líneas de una cultura trasplantada permanecen en la dirección inicial.

Siendo la cultura una manifestación de vida, interviene en ella factores y elementos de carácter biológico, está sometida a las variaciones del medio en que se manifiesta, íntimamente ligada a él, regida por leyes exactas, análogas y correspondientes a las que presiden la evolución de los grupos sociales. El medio ambiente, los caracteres psíquicos del grupo social, el atavismo, las presiones históricas son elementos *biógenos*[1] de la cultura que depende de ellos y es su resultante.

Pero los directores de la América liberal de 1824 no eran filósofos. Los pocos filósofos de la iniciación republicana

---

1   Biógeno: De raíz griega, significa *producir vida*. La composición lexical seria: *bio* (vida) y *geno* (reproducir, procrear). (N. del e.)

estaban aún saturados de romanticismo enciclopedista. Es difícil, por otra parte, llevar a las Asambleas teorías puras. América en el siglo XIX estaba enferma de mimetismo, deslumbrada de parlamentarismo. No quería considerarse como un resultado étnico indoeuropeo, sino como una continuación de la capacidad política latina. Por eso trató de ensayar la Democracia y el parlamentarismo que eran concepciones europeas, para un medio de superior preparación, de unidad étnica, de tradiciones políticas. Los resultados de ese ensayo se han visto: leyes de biología social han impuesto valores culturales peculiares sobre los valores traídos de Europa.

¿Qué razón existe para suponer a América una prolongación de Europa? No es una ampliación política, ni una prolongación étnica. No hay semejanza física, ni igualdad de medio en la lucha por la vida. No existen una educación científica ni una metodología que nivelaran la capacidad intelectual de Europa y América, ni aun América y España. El Derecho, la Política, el Arte, la Filosofía, la Economía, al volverse en las colonias adquirían caracteres peculiares que les iban lentamente separando del punto inicial.

Lustros antes de la emancipación de América ya Montesquieu había observado, aunque sin encontrarle explicación científica, las relaciones que existen entre las leyes y el clima. El clima es un elemento modificativo en biología, forma parte del medio que da líneas y sirve de molde a los organismos vivos, y con él hay que reservar un puesto a los elementos antes apuntados, que han creado en América un medio en el que la cultura europea había de manifestarse con caracteres propios, con nuevos sentidos filosóficos con nuevos puntos de aplicación espiritual en la valoración de las cosas.

Políticamente América trató de saltar del coloniaje a la libertad radical como pretendió en filosofía sustituir a Duns Escoto y Tomas de Aquino por el doctrinarismo de Guizot y los principios liberales de Constant. De lo que ha llamado con acierto García Calderón *Edad media de América*[2] continente intentó pasar a un estado político Posterior al 93. Las asambleas constituyentes pretendieron dar un corte al proceso evolutivo. Suprimieron con unas pocas declaraciones de principio cuatro siglos de experiencia social. A la cultura en que tenía que afianzarse la democracia se le privo privó, así, de un punto de aplicación histórico. Tiene que carecer de consistencia.

América no vivió el periodo histórico que se inicia con el renacimiento y termina con la revolución francesa. Su descubrimiento es la causa determinante fundamental en la vida europea del siglo XVI. El espíritu europeo se dilata, España se descongestiona, hay nuevas fuentes de riqueza, la unidad política española se consolida, al misticismo estático sustituye un misticismo activo. América es una promesa que irradia sobre Europa el afán de progreso político, científico y económico. Los conquistadores no traen más que su ambición de oro. No hay una prolongación de cuitara, sino una importación de valores culturales.

Terminada la conquista se inicia en América un nuevo sentido de la vida. Con la fusión de razas y ti desarrollo del nuevo protoplasma social, alborea la cultura americana. Los valores culturales importados se funden con los autóctonos y juntos sufren la influencia de los elementos de la nueva

---

2 Francisco García Calderón: *Las corrientes filosóficas en la América Latina.* (La obra se conoce con el título *Profesores de idealismos* (1909) escribió sobre *El dilema de la democracia en América.* N. del e.)

biogenia. En el siglo XIX nuestra vida espiritual y material va a estar orientada por una concepción cultural propia.

La Religión es el más importante y definido aporte de la conquista a la cultura americana. La espada y la cruz, la Fuerza y la Fe, son símbolos del esfuerzo español del siglo XVI. Se extiende el cristianismo por la fuerza, bajo la vigilancia de la Inquisición. Al cabo de tres siglos, América era cristiana. Pero el cristianismo era un nuevo sentido moral en el espíritu de América. El principio de solidaridad que Max Scheler[3] extrae del cristianismo no es en el americano –mestizo racial espiritual– el amor al prójimo. La moral colonial no es un sentido estrictamente cristiano y ha entrado en transacciones con la moral indígena y las necesidades políticas y hasta económicas, de la Colonia, porque la religión no es, como observa Grundler[4] trasmisible mediante adoctrinamiento conceptual, sino que está sometida a todas las fluctuaciones del medio social en que se desenvuelve la idea matriz.

El arraigo del cristianismo en América, espíritu religioso que se manifiesta en un anulador misticismo fanático y en el temor invencible a Dios –influencia del credo pesimista de las creencias indias y africanas– radica, principalmente, en el temor al abandono de Dios en las menudas actividades de la vida. Con el temor al Infierno y al desamparo divino en la existencia terrena, el clero de la colonización mantuvo bajo su dominación al negro, al indio, y al mestizo. Dios ha

---

3   Max Scheler, filósofo alemán de los valores se le conoce por *El puesto del hombre en el cosmos*. (N. del e.)

4   Otto Grundler: *Filosofía de la religión*. Se trata de *Elementos para una filosofía de la religión: sobre base fenomenológica*, publicada por Revista de Occidente, Madrid, 1926. (N. del e.)

sido en la zona política intertropical la autoridad máxima en todos los sentidos y esa influencia, que da carácter a la Edad Media europea se mantiene todavía en Colombia, en Ecuador, en Bolivia y en Perú.

Las teorías de igualdad política no han podido vencer el espíritu de intransigencia dogmática, ni al espíritu de jerarquización inmanente al clericalismo político. La Republica para nacer, hubo de avenirse con el poder espiritual y convirtió en elemento político, en fuerza gubernativa, en valores temporales, los elementos unificadores del sentimiento religioso. El cristianismo al adaptarse al medio se modificó.

Más directamente ligado al medio físico y al medio espiritual en que se desenvuelve, el Arte deja descubrir de un modo más determinante la evolución del espíritu continental. Las ya radicales diferencias entre el espíritu americano y su antecesor español permiten apreciar con más exactitud la evolución espiritual del continente que a partir de la colonización inició su curva cultural independiente, movimiento que lógicamente había de impulsar la emancipación política.

En el momento de la conquista la poesía castellana era fría, áspera y dura. La emoción no había aparecido sino esporádicamente con Jorge Manrique[5]. Las guerras de conquistas de los últimos Habsburgo habían permitido la influencia italiana que todavía no cristalizaba en verdadera lírica. Por otra parte, apenas pasado el motivo de la guerra contra el moro, la épica encontró un nuevo pretexto en las luchas de la conquista. El esfuerzo colonizador creó un medio poético

---

5   Las recientes luchas clericales en México (1926) solo ponen de manifiesto la lucha entre un gobierno renovador y el conservatismo del medio. El espíritu clerical, misticismo arraigado en el indio, se mantiene una tenaz como en los días católicos de Porfirio Díaz.

que «olía a pólvora», según la frase acertada de un joven crítico americano[6].

Mientras en España Garcilaso injertaba a la métrica castellana la fina emotividad de los líricos italianos, en América el romance volvía a los temas guerreros y la poesía épica, mediocremente cultivada, producida *La Araucana* de Ercilla y un poco más tarde *La Argentina* de Centenera.

Unos lustros después, América tiene poesía propia, que es sólo una prolongación de la castellana. El romance, hijo del espíritu popular, comienza a decaer ante el apogeo de la décima. La poesía culta se hace cortesana, servil a veces, cultivada aún por poetas llegados de la península. Todavía en ese momento, el impulso inicial mantiene lo poesía desligada de la tierra. Poco a poco va ejerciendo su influjo a través de la época gongorista que se extiende en América por un largo período. Al finalizar el siglo XVIII, como en el resto de las otras manifestaciones culturales, la voz independiente de Andrés Bello revela en lirico lenguaje toda la grandeza, la salvaje emotividad del continente, que el seco temperamento español no había podido ver. Bello es el primero y último gran clásico americano. América necesitaba una expansión del sentimiento poético, una majestuosidad más vibrante, de más fuego interior. La égloga, nacida en la amarillenta y reseca llanura castellana, no podía encerrar toda la emotividad, la fuerza inspiradora del continente. Todo se dilataba. Montañas y ríos, llanuras y bosques no cabían en el espíritu pastoril. De ahí que el romanticismo sea una consecuencia poética del descubrimiento.

---

6 Nicolás Heredia: *La sensibilidad en la poesía castellana*. Compañía Levytype Editores, Filadelfia, 1898.

Lo que el temperamento español no había visto lo vieron Saint Pierre y Chateaubriand, que llevaron a la literatura francesa, con los paisajes exóticos, los nuevos ritmos del espíritu de un siglo que veía dilatarse los motivos líricos. Pero la tendencia romántica anónima e informe ya había surgido en América antes de la percepción europea. Cuando en la Argentina Jone M. Gutiérrez denuncia «la existencia de una poesía peculiar a América», ya Echevarría y Mármol han metrificado el caudal de emociones de la Pampa y los Andes. El americanismo es el espíritu determinante en la obra de Arboleda, Ramírez, Acosta, Lillo, Heredia y Juan J. Gómez[7]. Los grandes románticos españoles no aprovecharon de ese espíritu más que la amplitud de emoción y eso a través de Francia y de Inglaterra.

A partir de ese momento América tiene en su cultura naciente un nuevo valor, la sensibilidad. El crea, primero, el romanticismo y origina años después el Modernismo.

El clima, la vida política, la Naturaleza rebelde y pródiga, ejercieron a través de tres siglos su influjo en la sensibilidad latinoamericana. El misticismo indio no fue ajeno a esa influencia. El complejo tipo étnico americano tiene una sensibilidad refinada, desconocida en el ibero. Así el espíritu literario de Francia parnasiana y decadente, actuando sobre la hipersensibilidad de Darío, hace nacer esa poesía sugerente, vaga, elegante y misteriosa que tiene sus corifeos en Nervo y en Herrera Reissig. Los poetas americanos de la «nueva sensibilidad» son consecuencia, no de la revolución italiana de Marinetti, sino de esa capacidad sensitiva de América.

---

7   Luis A. Sánchez: *Los poetas de las colonias.* Lima 1912.

Ciertamente la poesía americana no es el producto de una raza definida, de un tipo psicológico determinado por el tiempo, sino hija del medio nuevo actuando sobre los individuos. De todos modos, nuestro aporte de sensibilidad al arte occidental es consecuencia de la cultura nueva, valor terminado y fijo, aislado de los otros valores carentes todavía de líneas de precisión. Si en el campo experimental de la psicometría se repitieran las experiencias de Pawlow y de Bechterew, los promedios presentarían notables diferencias de sensibilidad entre los americanos y sus ascendientes europeas. El arte americano es la manifestación espiritual de esa alteración psicológica.

Entre las manifestaciones artísticas de América y Europa sólo existen hoy las naturales relaciones y dependencias de la época, las pautas del tiempo, ajenas a la vida en sí y el intercambio de influencias que las comunicaciones crearon a medida que reducían las distancias. No sólo la poesía, si no la música popular, ha buscado sus formas propias, sus ritmos, sus melodías en las que se pueden determinar los aportes africanos e indígenas, cuando no los dos al mismo tiempo[8].

En pintura México ha dado ya el salte hacia sus propias formas, en busca de su técnica y su visión. Diego Rivera y Juan C. Orozco representan un arte genuinamente americano, producto, es cierto, de las tendencias modernas de Francia, pero en el que hay un considerable caudal de

---

8   En el Brasil inició el «americanismo» literario el gran poeta Goncalves Días. Aunque su influencia solo abarco a la poesía portuguesa, hay que consignar su nombre entre los primeros románticos que vieron el caudal emotivo de América.
     Antônio Gonçalves Días (Maranhão, 10 de agosto de 1823 - Guimarães, Maranhão, 3 de noviembre de 1864), poeta y especialista en teatro brasileño. Fiel exponente del romanticismo. (N. del e.)

sentimiento indígena que le da carácter. Con ellos h pintura americana inicia su definitiva consagración de arte independiente, dentro de la independencia relativa que puede tener en el mundo actual una manifestación artística.

La agitada vida política del continente en la pasada centuria es la manifestación social de la cultura que germinaba y de las necesidades políticas que ello implica. Con el espíritu religioso y artístico el sentido político americano evolucionó independiente a las pautas por el que trató de encausarlo el liberalismo doctrinal de 1824. Todo el problema político de América radica en encontrar la fórmula práctica de gobierno que determina su cultura.

XI
Biología de la democracia:
la *novena cultura* y el *hombre síntesis*

La Democracia es la manifestación política externa de lo que considera Spengler la *novena cultura*[1]. Con ella el sentido político de esa cultura encuentra su expresión final, que inicia el agotamiento. Significa que la concepción cultural europea, tras larga y continua evolución en el medio, ha llegado al estado de síntesis y de unificación que Spengler llama el *alma de la cultura*, es decir, la representación más alta posible de la personalidad social, plenamente unificada y educada. No importa, para ello, que la Democracia fracase en sus transacciones con la realidad, ya que siempre representa el punto extremo de un proceso vital, cuyo sentimiento irreligioso busca un nuevo punto de aplicación. En la peculiar manera de extinguirse que tienen las culturas, la Democracia representa el punto de involución de la cultura que la determina.

---

1   Lo expresa en el ensayo morfológico sobre las perspectivas de los nueves estadios de las culturas: *La decadencia de occidente*. Para Oswald Spengler la *cultura democrática* o la *cultura occidental* constituye la última fase de la decadencia de occidente. (N. del e.)

América, como se ha visto a través de la anterior revisión histórico-política, representa contra la teoría de Max Scheler[2], no una ramificación de la cultura europea de la *época fáustica* (Spengler)[3], sino una nueva cultura en evolución que rematará con una civilización ultra occidental, la cultura cósmica, civilización síntesis, con sus criterios políticos y artísticos.

El tesoro espiritual de las culturas no es permanente, sino que con ellas empieza y termina, constituyendo las verdades «valores en el tiempo» que Europa no podía legarnos fuera del espacio. Los principio de ética cívica forman un mundo cerrado en formas que se afirman en necesidades materiales y de allí, que sean siempre verdades dentro de un círculo histórico y falsas fuera de él. Por eso la Democracia es y será un concepto abstracto sin realidad política en la nueva cultura americana.

La cultura europea se orienta al nacer en un sentido de expansión. En política tiende al imperialismo amplio, absorbente y fuerte que cristaliza con el imperio español de Felipe II, que determina la conquista de América y lanza al horizonte los barcos de Portugal, Inglaterra y Holanda. Es después, la expansión de la individualidad, del derecho ciudadano, de la voluntad, no del pueblo en síntesis y como representación, sino de cada uno del pueblo, la democracia. Tales fenómenos de expansión son la

---

2   Max Scheler: *El saber y la cultura*. Ed. Nova, Buenos Aires, 1926.

3   Spengler dedica un extenso capito en *La decadencia...*, para hablar del significado de la *época fautica*, la perdida morfológica del alma de occidente. Según Spengler, toda cultura experimenta un ciclo vital y se le antepone la muerte de la forma de vidas, perdiendo el espíritu que antiguamente la fortaleció. (N. del e.)

cristalización del intento kantiano de sumisión del mundo «como fenómeno» a las exigencias del Yo cognoscitivo, como apunta Keyserling[4].

Esa cultura europea tenía el centro de gravedad en las necesidades de expansión, en las luchas fronterizas, en la tradición religiosa en que lucha la iglesia con el estado, valores determinantes intransferibles a la nueva cultura americana cuyo centro de gravitación está en la conquista de la propia patria, el refuerzo de la frontera y la tradición religiosa unilateral.

Las culturas viejas actuando en escenarios de una más joven se producen mediante transacciones, es decir, desfigurándose hasta adquirir nuevas líneas éticas y nuevos valores sociales. La cultura europea, al llegar al grado de civilización, acabó por generar la *técnica*, producto de su desenvolvimiento. Pero allí, en donde actúa una fuerte tradición que ofrece cierta resistencia, ello fue sólo un resultado que al transferirse a la naciente cultura de América se convirtió por presión de los nuevos medios de vida y de las nuevas necesidades sociales, en línea determinante, básica, para la nueva estructura cultural americana. El pragmatismo de James es la manifestación intelectual de ese carácter *barbarizante* –en el criterio cultural europeo– de la técnica[5]. Se

---

4   Conde Hermánn de Keyserling: *El mundo que nace*. Fola Igurbide, Jose, d. 1930. Lamar debió de leer la edición original en alemán de 1923. (N. del e.)

5   La sociología molforista de Lester F. Ward es la manifestación práctica de ese sentido constructivo, sentido que en grado menor se descubre en sus compatriotas Small, Eoss, Willioi y Giddinga. Lester F. Ward. (Joliet, Illinois, 18 de junio de 1841-Washington D.C., 18 de abril de 1913). Sociólogo, paleontólogo y botánico estadounidense. Fundador de la sociología norteamericana y primer presidente de la *American Sociological Association*. La tesis socio-

explaya al encontrar un terreno sin cultura arraigada y lucha contra la momificación cultural autóctona, correspondiente, cronológicamente, a la *segunda cultura* de Spengler.

La cultura americana, desligada de la europea, se produce por transacciones. La técnica actúa en un medio cuya civilización arcaica y primitiva permite su fácil arraigo, convertido en necesidad por las circunstancias políticas y económicas que envuelven la conquista. España facilita esa influencia de lo práctico, de lo mecánico, de lo útil, mientras cohíbe la expansión de les conceptos intelectuales y de los valores morales fundamentales.

Ya desde el primer siglo de la conquista pueden determinarse los lineamientos de la cultura en germen, que se manifiesta en reacciones y orientaciones desligadas a toda tradición política, artística e intelectual de Europa. A través del tiempo no podrán éstas coincidir en la Democracia. En los siglos que preceden a la revolución, el estado psíquico colectivo americano ha cambiado de acuerdo con los determinantes biológicos –mestizaje, lucha en el medio, necesidades de vida–. Las fórmulas tradicionales o circunstanciales europeas, llegan a no tener sentido sobre los nuevos supuestos psicológicos americanos y su imposición determina toda la gama de anormalidades y desequilibrios que oportunamente apuntamos.

No se trata, naturalmente, de un problema de cultura como categoría del ser y ritmo individual, que encarna dentro de cada sociedad y cada época en el hombre sín-

---

lógica de Ward gira en torno, según *Sociología dinámica*, a que son los *deseos sociales*, naturales y espirituales, mediante mecanismos de la memoria o la identidad. El pragmatismo es constructivista y busca que la ciencia objetiva mejore la vida del hombre. (N. del e.)

tesis. Bolívar y Martí pertenecen a la cultura europea, son europeos puros, física e intelectualmente, sin mezcla indígena o africana. Por eso sus grandes individualidades están desligadas al medio al que no representan, como pudieron Rousseau y Napoleón representar el sentido de su época y su medio. Su caso es único en la historia de las culturas.

Antes de ellos el genio se anticipa siempre encarnando un sentido futuro, mientras la totalidad le sigue con parsimoniosa lentitud. La sociedad en que el genio se desarrollaba, no pudiendo experimentar la plenitud, daba forma exclusivamente a las partes de sí misma orientadas en el sentido del porvenir, el genio. Miguel Ángel es el sentido que alienta el *Renacimiento,* pero vive, socialmente, en el medioevo. Rousseau es el sentido que alienta una sociedad que va hacia la democracia, pero vive bajo el gobierno del Cardenal Fleury. Bolívar y Martí, como Moreno y O'Higgins, no pueden representar el sentido del porvenir que Nietzsche hacía encarnar en el *super hombre.* Su genio sintetizaba un remate de cultura europea. No se adelantaban al medio, trataban de crearlo. Eran, como ya hemos visto, republicanos actuando en un medio monárquico, desorientándose ignorante. Véase, pues, cómo no es posible juzgar la cultura americana a través de sus hombres síntesis, ajenos a lo que falsamente representan.

La cultura americana todavía en germen, se orienta contra la democracia. Es la tendencia al equilibrio de que hablamos anteriormente[6]. El espíritu sin carácter, formado por los múltiples cruzamientos étnicos ha producido un dilatado

---

6   Ver capítulo VI.

caos político, necesario para generar la nueva cultura que sólo llegará a su plenitud con la equivalencia de una raza definida.

La violenta transformación de América pasando de la opresión a la más alta libertad tuvo, como consecuencia, la conversión de los valores espirituales de la élite liberal en los turbios conceptos de la acéfala democracia de mayorías absolutas alimentadas continuamente por el voto del analfabeto –verdadera mayoría electoral de América– cuyos directores son exponentes destacados de los instintos colectivos, los caciques políticos.

La democracia ha sido la oportunidad política de los inferiores, la relegación del saber y de la capacidad, rechazados por la ignorancia y la incapacidad que predominan en las masas. Sólo tiene, como apunta Scheler, un camino para salvarse a sí misma de la Dictadura, limitándose para ponerse al servicio del espíritu, de las élites, en vez de enseñorearlos como hace ahora, apoyando el advenimiento de las *neo-aristocracias* de Stoddard[7]. Tal solución frente a la quiebra de la democracia, no puede considerarse fuera del campo puramente teórico ya que esa autolimitación defensiva de su persistencia, implica conceder a las masas una conciencia social de que carece su demagogia.

---

7   Con admirable claridad ha definido Stoddard esta visión las élites convertidas en *neo aristocracia*. «Debemos desterrar en absoluto –dice– la noción de que la neo aristocracia va a perpetuar el vicio cardinal de la aristocracia tradicional: la casta. A ningún ser verdaderamente superior, sea cual sea su cuna, se negará el acceso a las clases elevadas en la que nadie podrá permanecer sin dar la talla requerida para entrar en ella. Lothrop Stoddard: *La rebeldía frente a la civilización*. Revista de Occidente, Madrid, 1922.

De ahí que el mundo se retrotrae a los días pre democráticos. Sólo que ahora los dictadores surgen de las mismas masas que forzadamente reaccionan sobre su error político, Europa corrige su error. América practica sus únicas posibilidades políticas, el despotismo, o, cuando más, el parlamentarismo vacilante, conturbado en su actuación por la influencia del medio social. Ni Europa ejerció influencia en la política americana, autóctona y peculiar al medio, ni América vació nada sobre el Viejo Continente. La cultura naciente buscó en América su punto de arraigo natural, desbrozando el legado democrático de la cultura anterior.

XII

Evolución natural: política de *selección*

Independizada América, creados los estados que instituyeron la Republica como forma de gobierno, los caracteres políticos y las capacidades sociales a los que no se ajustaban las constituciones democráticas, determinaron, como se ha visto, el *caudillismo, la anarquía y la tiranía.* Las cámaras, que debían ser condensaciones del sentir del Estado, quedaron reducidas a meta de minorías ambiciosas que llegaron a ellas, no por el sufragio efectivo, condensación de la voluntad del pueblo, sino por golpes de audacia o falacias comerciales.

El Poder Ejecutivo[1] no pudo ser en ningún momento, un poder independiente, aislado, sino que, haciendo uso de la fuerza del Poder, sometió a los parlamentos, domino

---

1   Léon Duguit: *Teoría del Estado.* El pensamiento jurídico de Duguit pertenece a la corriente del *sociologismo político,* Elabora la doctrina del derecho y del Estado a partir de la naturaleza social del fenómeno jurídico. La teoría afirma que tanto el derecho como el Estado deben estar sujetos a la realidad objetiva, frente al derecho subjetivo que admitiría la existencia del derecho individual por encima del derecho colectivo. Entre sus obras más destacadas: *Traité du Droit Constitutionel* (cinco volúmenes, 1911*), Les Transformations Générales du Droit Privé depuis le Code Napoleon* (1912)*, Les Transformations Générales du Droit Public* (1913)*, Le Droit Social, le Droit Individuel et les Transformations de l'Etat* (1922)*, Le Pragmatisme Juridique* (1923). (N. del e.)

los tribunales y quebranto la teoría de los independientes de los poderes.

Solo dos fuerzas habían organizadas dentro del Estado: el ejército y el clero. Una estaba dominada constitucionalmente por el Poder Ejecutivo, y la otra, conservadora y tradicionalista, no vaciló nunca en ponerse junto a quien, estando en el poder, respetaba sus fueros y sus privilegios. El *Poder Ejecutivo* fue un poder *soberano*. Dominando las dos únicas fuerzas reales, controló la actividad política, sometió las Cámaras, provocó, en fin, la justificación científica y jurídica de la *revolución*.

El ciudadano que al votar es un órgano del Estado, nació, constitucionalmente, en la era de los gobiernos militares, y se desenvolvió, más adelante, en la de los caudillos. Con esto está destruida la teoría del sufragio como *órgano específico inmediato*[2]. El derecho al voto fue eliminado y sustituido por el deber de votar por el caudillo o el jefe, un acto irreflexivo y no espontáneo, perdiéndose así, la única posibilidad de representación de la voluntad del Estado y creando gobiernos que no eran condensaciones del sentir público sino presiones eventuales de una parte del Estado, los núcleos políticos.

El *cuerpo electoral* dejó pronto de ser en América, una fuerza activa y popular. La amenaza, la ignorancia del ciudadano, las burlas frecuentes, provocaron el descrédito del sufragio. La inarmonía espiritual del propio organismo, la tendencia política a la desunión, provocada por caracteres psicobiológicos hijos del medio social, desacreditaron, por otra parte, la sanción pública en su forma activa, la *rebelión*.

---

2   *Loc. Cit.*

Pronto, la experiencia de una parte y la indiferencia pública de otra, hicieron perder a la *Constitución* su alto valor representativo de la suprema voluntad del Estado al constituirse. Los Presidentes abusaron de la facultad de solicitar modificaciones. Las Cámaras las aprobaron sin que en ningún caso el *referéndum* exigido por la propia Constitución negara la necesidad de la reforma, hecho que se explica conociendo el mecanismo electoral que permite fingir mayorías que no existen.

Todo lo anotado anteriormente es un hecho probado. Tiene, como se ha visto una justificación biológica. Destruida la realidad del Estado, todo cuanto de él se deriva, carece de consistencia. El principio de la división y equilibrio de los Poderes del Estado, ha sido destruido por la realidad de una política desarrollada fuera de las circunstancias a que este obedece. El *Ejecutivo* exige en la realidad americana, una mayor suma de autoridad, en cierto dominio de los cuerpos legislativos. Ello crea la necesidad de un poder *mediador* que no puede ser el Judicial. Ese poder ha sido –cuando las circunstancias lo han permitido– el *partido de gobierno*, organizado en una forma que le permita actuar por representación directa en el Poder Ejecutivo.

Es este el papel que corresponde a las *élites*. Ello implica una modificación fundamental en las teorías del Derecho Político, pero obedece a nuevas radicaciones de una cultura que se orienta en nuevos problemas, circunstancias de índole geográfico, etnográfico y biológico que no conoció el sistema construido por la novena cultura splengleriana.

El restablecimiento de la supremacía del Ejecutivo es un hecho prácticamente, como lo es la limitación del sufragio, que ha dejado de ser una función del elector-órgano, para reducirse, generalmente, a una actividad de minorías. Lo primero se ha conseguido parcialmente en América, evitándose así la inconstitucionalidad de las atribuciones del Ejecutivo, y en busca de una reducción de los regímenes despóticos que exigen las necesidades sociales[3]. En cuanto a lo segundo, reducción del sufragio, no se ha abordado. La teoría del sufragio universal, como órgano democrático, no fue nunca una realidad, desde el momento en que ese derecho se limitó y se exigieron para él determinadas condiciones, lo que elimina de las urnas a individuos integrantes del Estado, pero constituyó un craso error en América, desde el momento en que se concedió ese derecho al analfabeto[4]. De este modo aun aceptando que la función electoral fuera una expresión de mayorías, se tendrá siempre que estas son las menos capacitadas El sufragio tiene que ser modificado en teoría Hay que eliminar al analfabeto, como se eliminó al incapacitado mentalmente y al menor de edad, es decir, hay que crear un sistema *lógico*.

Hace cien años, en el momento en que se organizaron constitucionalmente los estados americanos, la expresión de esta necesidad hubiera sido un absurdo. Vencido el espíritu monárquico de las clases populares, impuestos por el *mimetismo* del ambiente el régimen republicano, la teoría de la igualdad natural era por aquellos días inviolable.

---

3   Las atribuciones de Ejecutivo, limitadas en las primeras constituciones, han sido extendida después de la Independencia, gradualmente buscándose con ello los actos que el Ejecutivo realizo siempre tuvieran al menos, valor constitucional. Véase Constitución del Perú (1919), de México (1917), de Colombia (1863) de Venezuela (1913).

4   En efecto, se niega el voto a las mujeres, aun a las que ostentan títulos universitarios, a los hombres menores de edad y a los no nacionalizado y, sin embargo, se concede derecho al sufragio, al analfabeto.

Eran los días de la *democracia mística* de Giraud[5]. Pero la experiencia y las ciencias han creado hoy la doble teoría de la reforma de los organismos democráticos y de la eliminación del sistema.

La biología ha probado hace varios lustros, que no existe la igualdad individual, como carácter moral o intelectual, en fin, político. Pero en política, especialmente en América, se vive –en la teorización, no en la práctica– con el ambiente mental del pasado. Aunque los hechos lo hayan demostrado, aún el engaño de la mística democrática perdura en los espíritus y en las academias de ciencias políticas. Se cree todavía que el progreso depende de las constituciones y para apoyar la teoría se levanta la filosofía política del siglo XIX con los partidarios de las legislaciones para el porvenir. Pero la biología en tanto, refuerza con pruebas concluyentes la teoría naturalista de Buckle[6].

Una nueva filosofía de política biológica se construye con lentitud. Ella lleva la anulación de los dos errores fundamentales de la Democracia: el equilibrio de los poderes y el voto universal. En América ambos han sido destruidos por la práctica, pero les falta la sanción constitucional. Los regímenes de dictaduras han sido los normales en las situaciones de normalidad y han degenerado en *tiranías* en las anormales, más generales.

Hay que conceder al medio una suprema importancia –sus valores biológicos– en la ciencia del Derecho Constitucional.

---

5   Emelile Giraud: *La crisis de la democracia*. Paris, 1925 En francés *La crise de la démocratie et le renforcement du pouvoir exécutif.* (N. del e.)

6   Se tarta de Arabella Burton Buckley, 24 octubre 1840 hasta 9 febrero 1929. Escribió en 1883 un importante tratado sobre *Los ganadores en la carrera de la vida o la gran familia de vertebrados.* (N. del e.)

La creación de un sistema de selección de minorías es una imposición política, una vez eliminada la construcción teórica que trajo la Democracia, Esto se ha venido haciendo, pero fuera de la legalidad, sustituyéndose la capacidad por la audacia, el esfuerzo por la fortuna, el mérito por las influencias políticas. La imposición de constituciones basadas en la teoría democrática ha forzado el incumplimiento de la Ley, justificado muchas veces por las necesidades políticas, pero que hizo perder el respeto a los preceptos constitucionales y provocó la extinción del espíritu legal.

Más que las *condiciones de vida* que marcaban antes las clases sociales, América ha de contar con los *antecedentes biológicos*, las determinaciones raciales, los valores morales de los grupos que integran el Estado. A la teoría de la *igualdad moral* que han defendido los socialistas, hay que oponer la de *desigualdad del concepto moral*, que implica las diferencias raciales. Estas circunstancias nuevas han generado una cultura que exige un total cambio en el Derecho Político y la eliminación de las viejas teorizaciones del siglo XIX, para las que el hombre tuvo un solo valor, dentro de una sociedad formada por la concurrencia de una serie de fuerzas armonizadas en un solo sentido, fuerzas que América según hemos probado, no tiene ni tendrá en mucho tiempo.

XIII

Entelequia social: Gobierno de minoría y el sentido de la dictadura

E l error científico de la Democracia, juzgada biológicamente, fue el falso sentido de la igualdad. Aplicada la teoría en América, en donde las desigualdades naturales han llegado a un grado no experimentado nunca por la Humanidad, sus consecuencias habían de ser funestas. Como hemos visto, en medios de absoluto anti igualitarismo se radicaron principios políticos inadaptables y que, colocados en una posición falsa, desenvolvieron a través del tiempo, medios nuevos desarmónicos y anárquicos.

Driesch[1] trajo a la biología un concepto platoniano perfectamente aplicable a la sociedad, la *entelequia*, o séase, el conjunto armónico de todas las fuerzas desconocidas cuyo conglomerado rige el desenvolvimiento de la vida. En la era espiritualista la *entelequia* fue la fusión del alma con el cuerpo. En nuestros días *neo monistas*, es un resultante biológico indispensable a la vida individual o colectiva.

---

1 Hans Adolf Eduard Driesch (28 de octubre de 1867 - 16 de abril de 1941). Filósofo y biólogo prusiano. Principal filósofo del neovitalismo en Alemania. En 1905 publicó *The History and Theory of Vitalism*. (N. del e.)

Todas las circunstancias étnicas y geográficas, biológicas e históricas, de tradición o incidentales, que hemos revisado dentro de las falsas democracias de América, concurren a determinar una verdad irrecusable: la *entelequia* social se ha roto. Y el régimen representativo y popular sólo puede ser consecuencia del desenvolvimiento armónico colectivo. La teoría general del Estado, la teoría del sufragio, el equilibrio de los poderes, la reducción del Gobierno a ser representación no soberana, que América no ha conocido, se derivan de esa fatalidad biológica que, a su vez, cambió esos valores teóricos por valores prácticos, el *Estado-teoría*, la ineficacia del sufragio, el predominio del Poder Ejecutivo, y el Gobierno soberano encarnado en el dictador o el tirano.

De ahí la mentira de la intervención popular en la vida de la Nación. Las constituciones que ampararon ese derecho del Estado soberano fueron reducidas de la teoría a la práctica y trasladaron la noción de soberanía al gobierno que quedó en mano de las minorías, siendo meta del *cacicazgo*. El hecho fatal sancionaba una nueva teoría jurídica, la de la revolución, como manifestación del Estado potencia en reclamación de sus derechos. Pero la falta de moral ciudadana, el haberse convertido la política de un deber a un derecho, medio de lucro personal las más de las veces, quitó a la sanción popular su valor trágico y el arma única del Estado fue una nueva fuerza en su contra.

El gobierno es una función de las minorías en representación del círculo envolvente, las mayorías y los regímenes –*oligarquía, aristocracia, democracia y demagogia*–, no son más que sistemas de selección de minorías. El régimen democrático es la oportunidad de selección en la clase popular y tuvo que ser, en América, selección de los menos capacitados, hecha por sistemas de violencia, no por sufragio efectivo.

Esas minorías, que no son producto del *cuerpo electoral*, no son representación del pueblo y convierten los Congresos en núcleos de fuerza minorista dentro del Estado, del que se desligan gradualmente. Así se explica el desacuerdo entre la voluntad del Estado y la voluntad de su teórica representación, a la vez que la falta de sanción violenta a esa desarmonía. Actos como las reformas constitucionales de Venezuela, hechas para ayudar la tiranía en 1909, en 1913, en 1915, en 1922 y en 1925, como la modificación de la Constitución peruana, hecha con el fin de legalizar el golpe militar de Leguia contra el despotismo político de Pardo (1919) no han provocado sanción popular alguna, aunque fueron en todos los casos determinaciones impopulares, falsamente emanadas del pueblo por congresos que no lo representaba.

Oponiéndose a esa falsa representación popular el predominio del Ejecutivo es, como hemos dicho, una necesidad. Caudillo o cacique, electo por las armas o por los comicios, el Presidente encarna más directamente la representación de las mayorías, al menos, de las minorías activas en política: es la justificación científica de la dictadura en América. Contra él la sanción pública es activa. Cae cuando su fuerza política termina o cuando surge un elemento nuevo más potente, más centralizador de la voluntad popular. Aún electo por el sistema de elección de segundo grado, paradoja en pueblos paradójicos, el Ejecutivo encarna más que el Congreso, la representación del Estado, en una vuelta de realidad a la filosofía política del siglo XVIII.

Teóricamente, los regímenes despóticos son *ajurídicos* también en América, pero no así en la práctica. En la política de minorías, ellos son la encarnación de la voluntad del Estado[2] que se defiende del peligro parlamentario. Suele el dictador ser bárbaro sin que ello represente una discordancia con el Estado que lo es más de las veces. Melgarejo con su despotismo, representa la condensación del sentir de un estado impolítico. Cuando no respondió a la necesidad que lo impulsaba, el régimen cayó. García Moreno, conservador y católico no es producto esporádico, sino la manifestación del sentir fanático de un Estado controlado por el clero.

Pasada la necesidad política de Rosas, cumplida la misión organizadora del sombrío estanciero, una noche de tumulto bastó a destruir un régimen que parecía de extrema solidez. Fracasado Santa Cruz, eclipsado el sentimiento de expansión territorial de Bolivia, sentimiento que él encarnaba, la fuerza de la mayoría determina su eliminación del poder. Gamarra y Castilla son en el Perú, alternativas del sentir de un Estado sin consistencia política. Guzmán Blanco encarna un sentido de progreso, insatisfecho más tarde. Porfirio Díaz representa en México la mano del orden, de la administración y de la paz, necesarias después de las perturbaciones del imperio, hasta que Madero encarna la ambición colectiva de un sentido nuevo, la voluntad de un régimen popular en oposición al régimen oligárquico Porfirista.

Los dictadores son manifestaciones de minorías, pero de las minorías más nutridas, es decir, de los grupos políticos más fuertes. No siendo el voto un órgano del Estado, sino de los grupos políticos que imponen a este su sentido, permaneciendo la mayoría electoral ajena a las urnas, los

---

2   El tirano es una imposición, un incidente nacido de la degeneración del principio dictatorial.

partidos son condensaciones de minorías activas. El Ejecutivo derivado de este sistema resulta representación del grupo que lo mantiene y que es, siempre, más fuertes que los que permanecen en la oposición.

El cuerpo electoral, como se ha visto, no se compone de la totalidad del Estado, sino de grupos integrados, generalmente, por clases menos capacitadas de la sociedad que hacen de la actividad política, un medio de vida, vendiendo al mejor postor su influencia cerca de los grupos de analfabetos, que ejercen el derecho de votar irreflexivamente y sin espontaneidad. Sustituido el voto por el fusil el problema se acentúa. Aquel que más soldados cuente para mantener su gobierno será dueño del poder y siempre, desde luego, la manifestación de la fuerza mayor.

Consecuencias son todas estas de los factores biológicos que, ordenadamente, se apuntaron. Esas manifestaciones de incapacidad parlamentaria, esa superioridad del Ejecutivo, –manifestación avanzada del caudillismo– son determinaciones invencibles del medio americano, de una raza impura en que han florecido todas las inarmonías morales. La aseveración se quebranta cuando se experimenta en países como Argentina y Uruguay, en los que se ha reducido la fatalidad biológica a un grado de inferioridad frente al predominio de una raza. Esa inconsistencia de la teoría aplicada así, es su más alta confirmación. Son pueblos de unidad, Estados de organización, medios en los que la teoría democrática pudo desenvolverse porque era una teoría única, no una imposición teórica a una construcción artificial. Los defectos de sus regímenes igualitarios son los defectos de una teoría anticientífica en su origen, no consecuencias de otra necesidad.

Los regímenes políticos son conclusiones de biología social, productos de culturas que encuentran en ellos su representación histórica, manifestación de las fuerzas orgánicas del Estado que derivan hacia un régimen de armonía interior. A cada medio corresponde una cultura que involucra un sistema de teorías propias, una construcción política determinada por sus necesidades, por el carácter psíquico, por el factor biológico de los individuos que la integran. La política es la suprema manifestación de la ética social que es ampliación de la ética individual. El hombre no es un animal político en sí, sino porque necesita una moral pública, un conjunto de inhibiciones, un sometimiento de individualidad para ayudar su vida con la vida de los demás.

Los regímenes que se derivan de esa necesidad, tienen que obedecer a la presión espiritual de la moral individual que integra el Estado y formarse de acuerdo con el medio físico, no por imposición de teorías nacidas al calor de otro sol, arraigadas en tierras distintas, aplicadas a hombres de otro sentido moral y político.

No es el Gobierno lo que determina el Estado –como se ha querido realizar en la práctica política americana– sino el Estado el que determina el Gobierno. Durante un siglo hemos estado viviendo esa verdad sin querer verla, aferrados desesperadamente a un sistema impracticable, que en realidad sólo existe en las Constituciones. Precisa legalizar esas situaciones normales, crear constituciones americanas, organizar poderes de fuerza real, radicada en su realismo político. Una nueva teoría, no democrática, se ha determinado por cristalización y nos ha faltado el valor científico de exponerla, 'dejando al tiempo la labor de probarla.

Creemos una teoría biológica para nuestra política.

Anexo

El texto que a continuación reproducimos es una huella histórica de los preparativos narrativos y epistemológicos de Alberto Lamar dos años antes de publicar *Biología de la democracia*. Este es un documento donde se perciben los prematuros cambios del pensamiento positiva al vitalismo en Lamar.

José Ingenieros y su aporte al pensamiento americano[1]

Alberto Lamar Schweyer

José Ingenieros –ha escrito el historiador del positivismo italiano, Villa– es más que nada un temperamento de síntesis y de exposición. Y a fe que, aunque un tanto injusto acaso, el pensador italiano resumen en estas líneas todo el perfil intelectual y gran parte de la obra del ilustre maestro que acaba de morir en Buenos Aires, enlutando al caer el pensamiento americano.

No afirmaré que José Ingenieros era la primera figura intelectual de nuestra América. Más hondo y penetrante que él lo es el peruano Francisco García Calderón cuando juzga fenómenos sociales. Más intenso dramáticamente es José Vasconcelos. Más comprensible es Gil Fortul. Su propio compatriota Ayarragaray se nos presenta más medular al

1 Texto publicado en la revista *Social*, No. 12, Vo. X, La Habana, diciembre 1925. Pág. 13.

apreciar el problema psicológico-social de su patria, cuando los dos abordan en los mismos infolios. Más intensas son acaso que las suyas las concepciones éticas de Vas Ferreira y de Antonio Cas, pero ninguno de los mencionados ha aportado al intelecto americano una más vasta documentación científica ni ha presentado un frente intelectual más amplio que el del autor de *La simulación en la lucha por la vida* y *El hombre mediocre*.

Porque Ingenieros fue un espíritu enfermo de curiosidad. Su claro talento, fundamentalmente orientado dentro de las disciplinas del positivismo espenceriano predominante cuando su labor comenzó, indago en todos los problemas humanos. Y nace de ahí la dificultad para el comentarista de clasificar una personalidad que de todos recoge y en todo se delinea. Por sus estudios tenemos una gran información sobre el estudio social del medio y de la época en que vivimos. Y su curiosidad y su afán de ser útil al pensamiento de América lo lleva más adelante a pintarnos –ahora colocándose desde un punto de vista científico muy acorde con sus conocimientos de alienista– la situación social de Argentina bajo la férula de Rosas cuya personalidad espiritual modifica totalmente al hacerlo pasar de un vulgar tirano al de anormal, lombrosiano y descentrado por efectos de la total desorientación social del medio en que domino.

Descendiente directo de la generación filosófica del 48 –Emile que Comte– toda la obra sociológica, psicológica, ética y aun literaria del auto de *Los tiempos nuevos* y *Hacia una moral sin dogmas* está orientada dentro de un positivismo modernísimo el cual representa Ingenieros en América logrando que predomine en nuestra ideología, aun cuando ya la simiente de Bergson –traído a nosotros por Antonio caso– y de Russell comenzaba a predominar en nuestras concepciones.

Su filosofía biológica es esencialmente positiva. Viene de Le Dantec, de Weismann, de De Vries, que tiende a reforzar el acervo kantiano dentro de una época reaccionaria hacia el espiritualismo conciliador de Renouvier. Y es a través de estas valoraciones que el juzga a Rosas, reclama la imposición del socialismo, opone sus argumentos al trascendentalismo de Einstein, somete a reacciones de fuerzas celulares los amores de Tristán e Isolda, todo para terminar con sus *Proposiciones al porvenir de la Filosofía*, resumen de las concepciones filosóficas y revisión del proceso intelectual de un siglo que no sabe a dónde va y cuyo calvario está por descubrir, se precisa la personalidad de José Ingenieros. Reclama para la filosofía "un sistema de verdades afianzadas en la experiencia" es decir, renueva con más fuerza el criterio de Augusto Comte puesto que concede al intuicionismo sino toda la fuerza bergsoniana por lo menos el valor de un método.

De ese criterio filosófico se deriva su teoría de la moral adogmatica de una época práctica que es práctica en todos sentidos. Y al mismo tiempo que nos descubre en la ética humana un simple problema biológico de herencia en las líneas espirituales tiende a probarnos la posibilidad de una moral alejada de todo idealismo kantiano, con un "noúmeno" casi material, desviada del romanticismo hegeliano, del viejo escolasticismo petrificado aun en muchas conciencias, de todo aquello, en fin, que este más allá de la experiencia. Se argüirá que esta concepción nace en el *Catecismo Positivista*.

Cierto, pero hay que tener presente que entre las razones utilizadas en 1848 y las aportadas en 1919 media igual distancia que entre el grito rebelde de Vogt "El cerebro segrega el pensamiento como una glándula cualquiera" y la moderna demostración monista de Félix le Dantec.

Nuestro egregio Enrique José Varona introduce en América a Spencer y el positivismo, pero Ingenieros lo remoza para todos. Y no importa que se trate de restar valor a esa obra afirmando que el positivismo actualmente tiende a un nuevo palidecer. La reacción iniciada por los alemanes –Lipps, Einstein, Spengler, Freud, Scheler– podrá adueñarse del pensamiento moderno que ya, de por sí, tiende a nuevos cauces bien originales o actualizado antiguos métodos, pero siempre en la conciencia –base de las especulaciones filosóficas de hoy y mañana– quedará un sedimento positivista arraigado y tendrá un puesto prominente lo que han depurado sus valores y sus afirmaciones. Y uno de esos puestos lo ocupara José Ingenieros.

Por otra parte, la causa latino-americana pierde con la muerte de Ingenieros un entusiasta luchador, la Argentina ve desaparecer un hijo que le dio prestigio y gloria y la actual generación americana un orientador a quien mucho debe y de quien mucho más podía esperar todavía.

Ediciones Exodus

La presente edición de
Biología de la democracia
se realizó entre Barcelona y Miami
en enero de
2017